居宅介護支援事業所のための管理・運営ハンドブック

人材育成からリスクマネジメント、実地指導まで

監修 |||||||||||||||||||||||||||||||||

一般社団法人
日本ケアマネジメント学会
認定ケアマネジャーの会

編著 |||||||||||||||||||||||||||||||||

白木裕子

中央法規

刊行に寄せて

　日本ケアマネジメント学会認定ケアマネジャーの会は、ケアマネジャーの資質向上のため、さまざまな研修や調査研究を実施し、また多くの出版物を手がけてきました。今回、監修として、居宅介護支援事業所の管理・運営をテーマとする、管理者向けのハンドブックを刊行することとなりました。手前味噌ではありますが、認定ケアマネジャーの会はこうした活動を通じて日本のケアマネジャーを先導してくれていると認識しています。

　居宅介護支援事業所の管理者は、業務の管理・運営、人材の確保・養成を担っています。2018（平成30）年の介護報酬の改定に伴い、管理者の要件として主任介護支援専門員であることが求められるようになりました（2027（令和9年）度までは経過措置）。その背景には極めて重要な意図が込められています。居宅介護支援事業所の管理者には、ほかの介護サービス事業所の管理者に求められている以上の役割が求められます。居宅介護支援事業所の管理者は、事業所のケアマネジャーに対して管理的な立場からスーパーバイズを行うスーパーバイザーとしての役割が期待されます。管理者は、ケアマネジャーが利用者の意思決定のもとで公正中立にケアプランを作成できるように、また、利用者の尊厳の保持を基本としてリスク管理ができるように、ケアマネジャーを支援していかなければなりません。

　一方、居宅介護支援事業所におけるケアマネジャーの定着率とその要因を調べた調査では、居宅介護支援事業所のケアマネジャーの3分1が離職を経験していること、離職理由の大多数は事業所の理念が合わないことでした。ケアマネジャーが仕事を続け、かつ、仕事に対する意欲を高めることができるのは、事業所の理念を体現することになる管理者が鍵であるといえます。管理者の力量がケアマネジャーの育成に大きく影響することになると言っても過言ではありません。

　管理者は、本書を通じて、事業所を管理・運営するための方法や留意点のほか、ケアマネジャーという人材を確保、育成するための方法を具体的に学んでください。

　認定ケアマネジャーの会から、事業所の管理・運営をテーマとする本書が刊行された背景には、管理者を務めたり、プレーイング・マネジャーとして管理者を兼務したりするケアマネジャーが増えてきていることがあげられます。介護保険制度のスター

トとともにケアマネジャーという専門職が誕生して20年が経ち、ようやくケアマネジャーがケアマネジャーを育てていく時代を迎えようとしています。居宅介護支援事業所の管理者だけでなく、利用者の生活を支えるために日夜奮闘している"現役"のケアマネジャーにも、本書を手にとってもらい、学んでほしいと願っています。

2021（令和3）年3月末日

日本ケアマネジメント学会理事長
白澤　政和（国際医療福祉大学大学院）

目次

居宅介護支援事業所と

ケアマネジャーを取り巻く

状況の変化

1 ケアマネジャーの資質向上と主任ケアマネジャーの誕生

　要介護者の尊厳の保持を理念とした自立支援を実現するには、居宅介護支援事業所に所属する介護支援専門員（ケアマネジャー）による適切なケアマネジメントが不可欠であり、その資質向上が不断に求められます。

　そのため、これまでもケアマネジャーの専門性の確立という観点から研修の強化が図られるとともに、資格の更新制の導入や更新時の研修の義務づけなどの見直しが行われてきたところです。

　とりわけ経験の浅いケアマネジャーの育成に関しては、十分な知識と経験のあるベテランのケアマネジャーによる指導や助言が最も効果的であることから、2006（平成18）年に主任介護支援専門員（主任ケアマネジャー）という資格が新たに設けられました。

　主任ケアマネジャーは、事業所におけるケアマネジメント業務に関する指導やスーパーバイズ、事例検討などを通して、所属するケアマネジャーの技術面での支援にとどまらず、心理的な支えとして大きな役割を果たしてきました。また、事業所の垣根を越えて地域のケアマネジャーの資質向上を図るため、地域包括支援センター等と協力し事例検討会への事例の提供などを通して地域課題の解決や地域資源の開発などに取り組んでいるところです。

2 ケアマネジャーの資質向上と今後のあり方

　その後、2013（平成25）年1月にとりまとめられた「介護支援専門員（ケアマネジャー）の資質向上と今後のあり方に関する検討会における議論の中間的な整理」において、ケアマネジャーは、

● 利用者が自立した日常生活を営むのに必要な援助に関する専門的知識及び技術を有する者として、介護保険制度を運用する要として重要な役割を担っている

● 制度創設から10年以上が経過した現在、国民の間にも定着し、要介護者等にとって欠かせない存在となっている

などの評価を受ける一方で、

● 介護保険の理念である「自立支援」の考え方が、十分共有されていない
● 利用者像や課題に応じた適切なアセスメント（課題把握）が必ずしも十分でない
● 地域における実践的な場での学び、有効なスーパーバイズ機能等、介護支援専門員
　の能力向上の支援が必ずしも十分でない
● 介護支援専門員の資質に差がある現状をふまえると、介護支援専門員の養成、研修
　について、実務研修受講試験の資格要件、法定研修のあり方、研修水準の平準化な
　どに課題がある

などの指摘がなされるとともに、こうした課題に対応するため、「介護支援専門員自身
の資質の向上」と「介護支援専門員が自立支援に資するケアマネジメントが実践できる
ようになる環境整備」という 2 つの視点からアプローチすることが必要であると報告さ
れました。

③ 居宅介護支援事業所における人材育成の現状と管理者要件の見直し

　「介護支援専門員自身の資質の向上」については、ケアマネジャーにかかわる研修の
具体的な実施方法等が見直されることとなり、2016（平成28）年 4 月からは、新たな
「介護支援専門員資質向上事業実施要綱」が適用されることとなりました。

　具体的には、試験に合格した者を対象に実施する実務研修において、実際に利用者の
自宅を訪問したうえで、「現場」で学ぶ実習や医療との連携等を習得するための事例検
討がカリキュラムとして位置づけられるなど、現任者を対象とした研修の充実が図られ
ました。

　また、主任ケアマネジャーについては、地域包括ケアシステムの構築に向けて、地域
課題の把握から社会資源の開発といった地域づくりや地域の介護支援専門員の育成など
の役割を果たすことができる専門職としての養成を図るため、新たに更新制度が導入さ
れました。

　一方、「介護支援専門員が自立支援に資するケアマネジメントが実践できるようにな
る環境整備」については、ケアマネジャーが日常の業務や地域において技術的あるいは
心理的な支援を受けることができる環境を整備していこうというものです。

　ケアマネジャーは、居宅介護支援事業所に所属してケアマネジメント業務を行うこと

となるため、その力量形成を図るにあたり、事業所におけるOJTのあり方や熟練ケアマネジャーによる指導・助言等の質を含めた環境が大きく影響します。

　居宅介護支援事業所では、所属するケアマネジャーの力量が事業所の収益にも直結します。そのため、管理者はその人材育成に努めるとともに、働く環境の整備が求められます。

　ケアマネジャーの活動は、事業所そのものの活動であり、社会規範に反することなく、常に公正・公平にその業務を遂行しなければならないというコンプライアンスが求められています。また、制度にかかわる、ケアマネジャーの誤解や理解不足は、事業の取り消しや過去にさかのぼった高額な介護報酬の返還を招くことにもつながります。

　このような意味においても、人材育成が確実に行えない事業所の質は大きく低下し、やがて事業を維持していくことさえ困難になるといっても過言ではないのです。

　そのため管理者は、事業所において、事例検討会やOJTなどを通して所属するケアマネジャーの、対人援助職としての知識や技能を高めていく取り組みを確実に実行していくことが必要です。

　また、ケアマネジャーの業務は、利用者や家族等との関係からストレスが生じやすく、責任感に押しつぶされて離職するケアマネジャーも後を絶ちません。そのため、ケアマネジャーに対する心理的な支援も事業所における大切な取り組みになります。

　ケアマネジャーの力量形成や心理的支援については、主任ケアマネジャーなどの熟練者のみが行うことが可能であるといえます。つまり、ケアマネジャーの人材育成に取り組むにあたっては、必ずしも管理者自身が実行する必要はないものの、事業所の主体性という意味において管理者が示す方向性がたいへん重要な鍵となります。

　2016（平成28）年度にとりまとめられた「居宅介護支援事業所及び介護支援専門員の業務等の実態に関する調査」では、「事業所内検討会の定期的な開催」「事業所のケアマネジャーに対する同行支援による支援（OJT）」「ケアマネジメント業務に関する相談」について、「管理者が主任ケアマネジャーである」場合のほうが実施していると回答した割合が高いという結果が示されました。

　これをふまえ、2018（平成30）年度の介護報酬改定において、居宅介護支援事業所における人材育成の取り組みを推進するため、管理者の要件に主任ケアマネジャーであることを加えたところです。

④ 管理者要件と主任ケアマネジャー資格の取得と維持

2018（平成30）年度の介護報酬改定に伴い、居宅介護支援事業所の管理者は主任ケアマネジャーであることが新たな要件として加えられました。

管理者は、これを事業所全体の管理・運営と人材育成を主任ケアマネジャーの視点をもって一体的に取り組んでいくことができるチャンスとしてとらえていくことが大切です。

居宅介護支援事業所の管理者要件の見直しについては、当初、2021（令和3）年3月31日までの経過措置期間が設けられましたが、当時の「平成30年度介護報酬改定に関する審議報告」において人材確保の状況について検証するべきとされていたことから後日、管理者要件にかかる経過措置については次のとおり示されています。

表	居宅介護支援の管理者要件にかかる経過措置について

① 2021（令和3）年3月31日時点で主任ケアマネジャーでない者が管理者の事業所は、その管理者が管理者である限り、管理者が主任ケアマネジャーとする要件の適用を2027（令和9）年3月31日まで猶予する

② 結果として、2021（令和3）年4月1日以降に新たに管理者となる者は、いずれの事業所も主任ケアマネジャーであることが求められる

③ ただし、特別地域居宅介護支援加算または中山間地域等における小規模事業所加算を取得している事業所は、管理者を主任ケアマネジャーとしない取扱いも可能とする

④ 2021（令和3）年4月1日以降、不測の事態により、主任ケアマネジャーを管理者にできなくなってしまった事業所については、その事業所がその理由と「改善計画書」（仮称）を保険者に届出た場合は、管理者が主任ケアマネジャーとする要件の適用を1年間猶予する

資料：第172回社会保障審議会介護給付費分科会資料

「居宅介護支援事業所及び介護支援専門員の業務等の実態に関する調査」では、管理者の要件に主任ケアマネジャーであることが付加された時点（2019（令和元）年7月末現在）で、主任ケアマネジャーでない管理者の割合は約4割となっていました。主任ケアマネジャーの資格を有していない管理者が引き続き管理者を続けようとする場合は経過期間内に新たに資格を取得する必要があります。

資格を取得するには、「主任介護支援専門員研修」を修了することが不可欠ですが、

その受講に際しては次の要件を満たす必要があります。

> 介護支援専門員の業務に関し十分な知識と経験を有する介護支援専門員
> 介護支援専門員更新研修の修了者であって、以下の①から④のいずれかに該当する者
> ① 専任の介護支援専門員として従事した期間が通算して5年(60か月)以上である者（管理者との兼務期間も算定可能）
> ② ケアマネジメントリーダー養成研修の修了者または日本ケアマネジメント学会が認定する認定ケアマネジャーであって、専任の介護支援専門員として従事した期間が通算して3年(36か月)以上である者（管理者との兼務期間も算定可能）
> ③ 主任介護支援専門員に準ずる者として、現に地域包括支援センターに配置されている者
> ④ その他、介護支援専門員の業務に関し十分な知識と経験を有する者であり、都道府県が適当と認める者
> ※質の高い研修を実施する観点から、①〜④以外に、都道府県において実情に応じた受講要件を設定することも可能

　主任ケアマネジャーの資格は、主任介護支援専門員研修を修了することで取得できますが、資格を取得するにあたっては、事業所や地域において実際に人材育成や地域づくりを実践していくことが前提となっています。

　つまり、資格取得後は、ほかのケアマネジャーに対するスーパーバイズ、地域包括ケアシステムを実現するために必要な情報の収集・発信、事業所や職種間の調整といった役割を実際に果たしていくことが求められているのです。

　少子高齢化のいっそうの進展が見込まれているなか、地域包括ケアシステムを構築し地域包括ケアをさらに推進していくために、主任ケアマネジャーに期待されている役割はますます大きくなっています。

　主任ケアマネジャーとしての役割を果たすには、継続的に知識・技術等の向上を図るとともに、多職種との連携やケアマネジャーに対する助言・指導、地域における活動等を通じて実践能力を向上させていくことがたいへん重要になっています。

　主任ケアマネジャーが自らの実践に足りないものを認識し、さらなる資質向上を図ることができるよう、2016（平成28）年度から資格の更新時に併せて、新たに更新研修の受講が課されることとなりました。

　なお、研修の受講にあたっては、次のとおり受講要件が設けられており、実際に主任

ケアマネジャーとして活動していない場合には資格の更新ができないしくみになっています。「名ばかり主任」では意味がないため、少なくとも自己研鑽の実績がみられない場合には更新できないものとされたのです。

| 表 | 主任介護支援専門員更新研修対象者 |

次の①から⑤までのいずれかに該当するものであって、主任介護支援専門員研修修了証明書の有効期間がおおむね2年以内に満了する者
①　介護支援専門員にかかる研修の企画、講師やファシリテーターの経験がある者
②　地域包括支援センターや職能団体等が開催する法定外の研修等に年4回以上参加した者
③　日本ケアマネジメント学会が開催する研究大会等において、演題発表等の経験がある者
④　日本ケアマネジメント学会が認定する認定ケアマネジャー
⑤　主任介護支援専門員の業務に十分な知識と経験を有する者であり、都道府県が適当と認める者

| 図 | 居宅介護支援事業所の管理者の役割 |

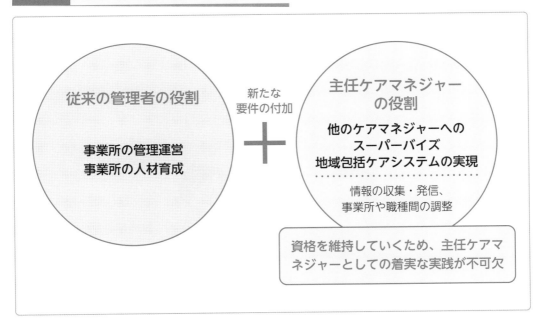

| 図 | 主任ケアマネジャー資格の取得を通じて、こんな「ONE UP」を目指そう！ |

- 部下・後輩へのかかわり方が変わった
- 考え方を引き出すような問いかけをするようになった
- スタッフからみても、その行動が変わった
- 事業所で、事例検討会を定期的に行うようになった
- 地域包括支援センター主催の事例検討会に、事例提供者としてかかわるようになった
- 有志を募って自主勉強会として、事例検討会を開催するようになった

資格の取得前
厳しい人

資格の取得後
よく話を聴いてくれる人

出典：『ケアマネジャー』第21巻第1号、2018年、68ページ

1

管理者とは何をするのか？

① 管理者の役割とは

居宅介護支援事業所の管理者は、大きくわけると、事業所の経営、従業者の管理、従業者と利用者・家族、他事業所等との関係調整、保険者等との連絡調整の4つの役割を担っています。

1 ◀ 事業所の経営

事業所の経営については、母体となる法人等との関係で異なる場合もありますが、一般的に管理者は経営者が示す大きな方針に基づいて事業所の安定的な経営に努めることが求められています。

そのため管理者は、事業によって得られる収益と従業者の賃金などの事業に必要な経費を掌握して年間の収支計画を適正に設定する必要があります。また、事業所としての強みや弱みなどを的確に把握し、将来的にどのような事業、分野に力を入れていくのかなどを明確にすることが大切です。

特に、居宅介護支援事業所の介護報酬は、要介護区分に応じた基本報酬をもとにさまざまな加算と減算を反映して支払われます。したがって、事業所の経営戦略の策定にあたっては専門的な知識が不可欠です。

2 ◀ 従業者の管理

従業者の管理とは、一般的にいわれる人事管理であり、採用、配置、教育訓練、昇進、退職、賃金、安全衛生、労働時間の管理などが該当します。

このうち、採用や配置、昇進、退職、賃金に関しては、母体となる法人が直接担うため権限が与えられていないことも多いのですが、教育訓練（人材育成）や職場の安全衛生（職場環境の維持・改善）、労働時間（勤怠を含む）の管理は管理者の重要な役割です。

特に、居宅介護支援事業所における人材育成の取り組みを促進するため、2018年度の介護報酬改定において管理者の要件が見直されました。管理者の責務がより明確にされたといえます。

つまり、熟練のケアマネジャーである管理者が、そのノウハウを活用してケアマネジ

ャーの人材育成を効果的・効率的に実行していくことが求められているのです。また、管理者はケアマネジャーを直接的に指導するだけではなく、ほかのベテランケアマネジャーと協力するなどして、OJT（On-The-Job Training）や事例検討などの計画を策定し、着実に実施するとともに、対象者の理解度や習熟度を評価しながら必要に応じて計画を見直すことが重要です。

　管理者がケアマネジャーを指導し、育成することは自分の後を継ぎ、よいケアマネジメントを背負っていく後輩を育てることです。自分の思いどおりにならないからといって、OJTや指導を、感情や思いつきで行ったり、やめたり、方針を変えたりすることはできません。育成するという強い意識をもって辛抱強く行うことが不可欠です。

　事業所でケアマネジャーが成長するには、与えられた仕事や課題を達成する、先輩から適切な評価を受けるなど、よい経験をできるだけ多く積み重ねていくことが鍵となります。

3　従業者と利用者・家族、他事業所等との関係調整

　事業所のケアマネジャーと利用者や家族との間でトラブルが発生してしまった場合、当事者間で解決できないレベルにまで発展してしまうこともあります。

　また、ケアマネジャーが毎月行う給付管理業務において、事務手続き上のミスなどを起こすと、所属する事業所のみならず、利用者やほかの事業所の経営等にも大きな影響を及ぼすこととなります。

　このような場合、事業所のケアマネジャーが行った業務に対する責任は、原則として事業所として負うこととなります。管理者は必要に応じて利用者や家族、他事業所などと、事業所を代表して調整にあたります。

　また、地域のケアマネジャーの人材育成に関して、複数の事業所が協力して事例検討会を開催するなどの取り組みが行われていますが、このような取り組みについても、最終的には管理者が事業者間の調整を行ったうえで事業の実施を判断することとなります。

4　保険者等との連絡調整

　居宅介護支援事業所の主な収入の柱は介護報酬です。介護報酬は原則３年ごとに改正され、また、事業所の経営に大きな影響を及ぼす介護保険制度も５年ごとに見直しが行

われます。

　介護報酬の算定にあたっては、さまざまな加算や減算が導入され、年々複雑になっており、また、いわゆるローカルルールとして、自治体によって考え方や取り扱いなどが異なる場合もあります。管理者は保険者などに確認するなどして正確に理解しておくことが必要です。

　そのため管理者は、保険者などが開催する説明会や集団指導などに出席して制度改正の趣旨や目的、その内容について理解を深めるとともに、介護報酬請求にかかる過誤・不正防止などについて説明を受けなければなりません。

　また、管理者は、都道府県や保険者の実地指導が行われる場合は、必ずその場に立ち会い、行政職員から直接指導を受けることとなります。実地指導自体は、法に則った運営ができるようにアドバイスを行うことを目的として実施されるものですが、用意した書類等に不備があった場合は後日、監査が実施されることになります。

　実地指導が実施される際は、必ず事前に通知が行われます。したがって、管理者はケアマネジャーに書類の整理を指示するなど事業所として入念な準備をしておく必要があります。

　なお、ケアマネジャーなどの従業者が個人の都合などで突然退職した場合などは、担当ケースの振り分けなど現場の対応に追われて、人員基準等への対応をつい見落としてしまいがちです。このような不測の事態が発生した場合は、行政の担当者に個別に確認を取るなどして遵守すべき基準から逸脱しないよう配慮を行うことが不可欠です。

2 法令に定められている管理者の責務とは

　管理者の責務については、「指定居宅介護支援等の事業の人員及び運営に関する基準」（平成11年3月31日厚生省令第38号）第17条に、次のように定められています。

（管理者の責務）
第17条　指定居宅介護支援事業所の管理者は、当該指定居宅介護支援事業所の介護支援専門員その他の従業者の管理、指定居宅介護支援の利用の申込みに係る調整、業務の実施状況の把握その他の管理を一元的に行わなければならない。
　2　指定居宅介護支援事業所の管理者は、当該指定居宅介護支援事業所の介護支

援専門員その他の従業者にこの章の規定を遵守させるため必要な指揮命令を行うものとする。

また、基準の趣旨及び内容を示す「指定居宅介護支援等の事業の人員及び運営に関する基準について」（平成11年7月29日老企第22号）には、「管理者」について次のように定めています。

（2）　管理者

指定居宅介護支援事業所に置くべき管理者は、主任介護支援専門員であって、専ら管理者の職務に従事する常勤の者でなければならないが、当該指定居宅介護支援事業所の介護支援専門員の職務に従事する場合及び管理者が同一敷地内にある他の事業所の職務に従事する場合（その管理する指定居宅介護支援事業所の管理に支障がない場合に限る。）は必ずしも専ら管理者の職務に従事する常勤の者でなくても差し支えないこととされている。この場合、同一敷地内にある他の事業所とは、必ずしも指定居宅サービス事業を行う事業所に限るものではなく、例えば、介護保険施設、病院、診療所、薬局等の業務に従事する場合も、当該指定居宅介護支援事業所の管理に支障がない限り認められるものである。

指定居宅介護支援事業所の管理者は、指定居宅介護支援事業所の営業時間中は、常に利用者からの利用申込等に対応できる体制を整えている必要があるものであり、管理者が介護支援専門員を兼務していて、その業務上の必要性から当該事業所に不在となる場合であっても、その他の従業者等を通じ、利用者が適切に管理者に連絡が取れる体制としておく必要がある。

また、例えば、訪問系サービスの事業所において訪問サービスそのものに従事する従業者との兼務は一般的には管理者の業務に支障があると考えられるが、訪問サービスに従事する勤務時間が限られている職員の場合には、支障がないと認められる場合もありうる。また、併設する事業所に原則として常駐する老人介護支援センターの職員、訪問介護、訪問看護等の管理者等との兼務は可能と考えられる。なお、介護保険施設の常勤専従の介護支援専門員との兼務は認められないものである。

3 一元的管理とは

　「指定居宅介護支援等の事業の人員及び運営に関する基準」第17条で管理者は、「介護支援専門員その他の従業者の管理、指定居宅介護支援の利用の申込みに係る調整、業務の実施状況の把握その他の管理を一元的に行わなければならない」とされています。

　ここでいう一元的管理とは、事業所経営にかかわるヒト・モノ・金・情報などのすべての資源を一つに集めて把握し、同じ方向に向かって管理するということです。なかでも、情報の管理が重要です。それぞれのケアマネジャーがバラバラにもっている情報について、管理者は一括で管理することが求められます。

　つまり、ケアマネジャーに対する利用者の苦情などを含め、事業所として対応すべきことについて管理者が「知らなかった」では済まされないということです。

　しかし、一人の管理者がそれぞれのケアマネジャーの、それぞれのケースについて、その情報を常に把握しておくことはとてもできることではありません。したがって、管理者は指揮命令権を発揮して必要な情報をいつでも取り出せる状態にしておくことが重要であるといえます。

　このように管理者は、事業所に所属するケアマネジャーが行う業務に関して必要な情報を的確に把握する必要があります。一方で、ケアマネジャーの業務は基本的に一人で行うため、必ずしも情報収集が容易であるとはいえません。

　したがって、管理者は日ごろから、積極的に声をかけるなどして、ケアマネジャーが「ホウレンソウ（報告・連絡・相談）」を行いやすい環境を維持していくことが極めて重要です。

　なかでも、ケアマネジャーの業務に関して管理者が気になったことや気づいたことについては、その場で確認するなどして必要に応じてフォローすることが大切です。また、定期的にケアマネジャーから業務の進捗状況について報告を受け、仮にミスがあったとしても隠すことなく報告、相談できる環境や関係性を維持していくことが重要なのです。

④ どのような管理者になりたいのか

　管理者としてどのように事業所を運営するのか、その方向性については、母体となる法人の経営理念や社是、事業所の運営方針などがすでに定められていることから、多くの事業所が基本的な方向性についてはこれらに従わざるを得ないと思います。

　しかし、事業所の日常的な管理・運営にあたり、所属するケアマネジャーの業務の内容を掌握して必要な指揮命令を行いながら、一元的に管理することを通して、管理者としての考え方や思いを大きく反映させることが可能であるといえます。

　管理者も一人のケアマネジャーです。対人援助の専門職として利用者本位のサービス提供やだれもが生き生きと暮らせる地域社会を実現したいという強い思いがあるのではないでしょうか。

　しかし、管理者が一人ひとりの利用者に対して直接的な支援を行うことはできません。管理者の思いや考え方を事業所の方針として示し、所属するケアマネジャーに浸透させ、ケアマネジャー一人ひとりのケアマネジメントとして展開していくことが大きな鍵となります。

　2018年度の介護報酬改定によって、管理者の要件の一つに主任ケアマネジャーであることが位置づけられました。管理者と所属するケアマネジャーが理念を共有しやすい環境が整ったと考えられます。

　その一方で、管理者としての課題意識や判断、将来の見通しなどの経営能力が結果に直結してしまうことを忘れてはなりません。

　したがって、どのような管理者になりたいのかということを考えるにあたっては、次の2つの点について検討しておくことが大切であると思います。

1 ▶ 所属するケアマネジャーが働きやすい環境を目指して

　所属するケアマネジャーが働きやすい環境をつくり、維持していくには、何でも話し合える良好なコミュニケーションが重要です。とりわけ、ミスなどの都合のよくない情報を隠すことなく、即座に報告が得られる状態にしておくことはとても大切です。

　また、業務の改善などについても、気軽に提案ができるよう、一人ひとりの話をよく聞いて、実務に反映していくことが必要です。

働きやすい職場環境づくりのために管理者が取り組むべきものとして、このほかにもワークライフバランスの推進や従業者の健康管理などがあげられます。

　介護事業所は、女性の多い職場です。女性には、結婚・出産といったライフイベントがあり、また育児・介護の中心的な役割を負っている場合も多く、家庭と仕事のバランスをとることが難しいと指摘されています。したがって、女性が出産や育児によって仕事を辞めざるを得ない状況にならないよう、時間外勤務の削減や年次休暇等の利用促進に努めるなど、仕事と家庭の両立支援に取り組んでいくことが求められています。例えば、学校行事等で休みが必要な場合、周りが忙しくてピリピリしていると、休みをとりたいと言い出しにくいこともあります。管理者はお互い様という雰囲気をつくるとともに、フォローし合える体制をつくっていくことが大切です。

　一方、事業所の健全な運営のためには、それを担う従業者全員が心身ともに健康であることが大前提となります。

　それには、「自分の健康は自分で守る」というセルフケアの考えを促進し、従業者自身が自らの健康づくりに取り組んでいくことが大切です。ケアマネジャーは、多少体調が悪くても頑張って働いてしまうなど、無理をしがちな人が多い職種であると思います。

　管理者は、無理してしまいがちという、ケアマネジャーの特性を理解し、「業務に関連する健康障害を起こさない」という意識をもって従業者に注意を喚起していくことが大切です。

　一方、家庭に心配事や職場の人間関係などに悩みがある場合などに精神的・身体的に無理を重ねてしまうと、メンタルヘルスの不調が生じてしまうことにつながります。

　メンタルヘルスに不調が生じると、「会話がなくなって、つらそうな表情をみせる」「遅刻や欠勤、早退が増える」「仕事上のミスが目立つ」「能率が低下する」など、さまざまなサインが目立つようになります。

　このようなサインに気づいたときは、「どうも最近つらそうね」「何か困ったことがあるのではないでしょうか」などと声をかけることが大切です。そのうえで、話しても不利になることはないので安心できることを伝え、できるだけ話してもらうよう促します。

　対人援助職であるケアマネジャーであっても、自らの問題の渦中にあるときは、自らに支援や医療が必要であることを理解できないこともあります。周囲が気づいて適切に支援を行うことが大切です。

2 経営者として必要な視点

　まずは、介護報酬の減算要件に該当させないことが管理者の絶対条件といっても過言ではありません。介護報酬の減算が行われるケースはいくつかありますが、いずれも事業所運営に大きな影響をもたらし、なかでも特定事業所集中減算は該当するサービスを含むすべての件数に反映されるため特に注意が必要です。

　管理者としては、同一法人の訪問サービスや通所サービスを利用したいところですが、紹介件数の割合が8割を超えないよう、あらかじめ所属するケアマネジャーに居宅サービス計画の作成段階で配分に留意するよう的確に指示をしておく必要があります。

　事業所の規模等によっては、管理者自身が、このような集計作業を行う必要は必ずしもないと思われますが、事前の配分計画と細かな調整等の指示は管理者の役割であるといえます。

　また、ケアマネジャー一人あたりの取扱件数が40件を超えた場合、基本報酬が大幅に減額されることとなります。管理者は一人あたりの取扱件数が40件を超えないよう、所属するケアマネジャーの業務の内容を正確に把握し、特定のケアマネジャーに偏らないようにするなどしてコントロールすることが必要です。

　さらに、ケアマネジャーが利用者の居宅を訪問していない、サービス担当者会議を開催していないなどの場合は、運営基準減算の要件に該当します。管理者が知らなかったというようなことがないよう、日ごろから十分なコミュニケーションをとることが大切です。

　なお、算定が可能な加算は確実に取得することが大切です。

　居宅介護支援費の加算は、より質の高いサービスを提供した場合に算定されるものです。利用者の自己負担がないことも併せて考え、所属するケアマネジャーには、質の高いサービスを提供して加算を取得することをぜひ奨励したいものです。

　加算に関しては、例えば、入退院時における医療機関との連携を推進するなど、ケアマネジャーに期待したい取り組みを加速させるために位置づけられる場合が多く、ある程度定着したと国が判断した場合や予算の都合などで廃止されることも珍しくありません。加算については、事業所の財源としてみた場合、不安定な性格をもっており、人件費などの固定的な財源の算定基礎には反映しないなどの配慮が大切です。

… 管理者の役割と個人情報の保護 …

研修会場でこのような相談がありました。

相談者は、居宅介護支援事業所の管理者で40歳前半の主任介護支援専門員（主任ケアマネジャー）です。

実地指導を控えて準備をしている際、ある主任ケアマネジャーが担当している利用者のファイルを点検しようと手に取った際、その主任ケアマネジャーから、「個人情報の保護の観点から、勝手に人の利用者の情報を見ないでください」といわれ、管理者が手にしていたファイルをさも当然であるかのように取りかえしたということです。

管理者は「それって…どうなの？」と思ったそうですが、その場ですぐには反論できずに時間が過ぎてしまいました。しかし、「これっておかしいのでは」と、もやもやした気持ちを残したままであったため、研修の機会に相談に至ったということです。

このような場面に遭遇したらどうしますか。

居宅介護支援事業所の運営基準（指定居宅介護支援等の事業の人員及び運営に関する基準）では、管理者は、「業務の実施状況の把握」を行わなければならないとしています（第17条第1項）。したがって、事業所が契約している利用者全員のケアマネジメントの進捗状況等を把握しておく必要があります。

つまり、ケアマネジメントのプロセスが滞っていれば、担当のケアマネジャーに確認し、原因を一緒に考えて業務の遂行を促し、支援が難しいようであれば、事業所で事例検討会を開催し、同行訪問などを行うとともに、必要に応じて地域包括支援センター等の協力を得るなどの対応策を講じなければならないのです。

また、管理者は経営的な立場からのみならず、主任ケアマネジャーというスーパーバイザーとして従業者が質の高いケアマネジメントを展開することができるよう、その進捗状況を管理していく責務があります。

したがって、事業所の管理者は、ケアマネジャーが担当する利用者それぞれの居宅サービス計画書などを点検し、利用者の不利益につながるような支援を行っていないか、法令を遵守しているかどうかなどを適宜確認することも重要な役割なのです。

実地指導を恐れるのではなく、自分を含めて事業所全体で支援や記録のあり方などを再点検するよい機会として捉えましょう。

1年単位で行う管理者の

"仕事"

1 事業計画を立てる前に

　人間と同じように、組織にもその組織の個性といえる風土・文化があります。それらは、組織の成り立ちや規模によってさまざまです。それらの何が正しく、何が間違っているということではありません。ただ、発展する組織に共通しているのは、組織の理念が明確で職員の間に浸透しており、計画をもって運営されているという点です。

　理念は、その組織が目指すべき方向性を示します。計画は、目指すべき理念を実現するために、その道筋を具体的にします。

　それぞれの組織の段階によって、理念や計画のあり方はさまざまです。例えば、代表者は創業以来の理念を示すだけで、計画は職員が作成する組織もあります。一方で、代表者が理念から計画までのすべてを策定し、職員はそれに従うという組織もあるでしょう。代表者と職員とがともに理念と計画をつくりあげていくという組織もあるかもしれません。

　居宅介護支援事業所の場合、一定の条件のもとで逓減制の適用が緩和されることもあり、35人以上の利用者を担当しつつ、管理者が、後輩の育成、自己点検のための書類の作成、実地指導の対応まで、一手に引き受けている事業所が多くあります。

　本章では、管理者が1年単位で行う業務を紹介します。最初に、組織が管理者に求めている役割を明確にしていく作業が必要な場合があります。管理者が組織から期待されている役割は千差万別ですが、その役割は、その評価を行う人と共有することが大切です。また、職務の範囲、職務上の権限が明文化されていることが望ましいといえます。

　一方、理念がまだ定められていない、または示されていない、上司と職員との間で共有されていないといった事業所もあるでしょう。一人事業所の場合、管理者は、電気・ガス料金の支払いから自分の給与計算まですべてを一人で行わなければなりません。筆者も最初はそうでした。ともに働く職員を雇用できるようになっても、最初の数年はただがむしゃらに運営するだけで、長期展望を職員と共有することはできませんでした。しかし、いま振り返れば早い段階で理念を共有し、それをもとに将来の計画を明確にしておいたほうがよかったと思えます。

　居宅介護支援事業所には、さまざまな立場の管理者がいて、経験や成長の段階もさまざまです。まずは一歩一歩進んでいきましょう。

… 法人の理念を浸透させるために …

法人の理念を浸透させる工夫をいくつか紹介します。

例えば、採用面接の際、最初に法人の理念に目を通してもらいます。その理念に賛同してもらえない場合は、その時点で面接は終了することになります。

また、毎日の朝礼で理念を職員で唱和したり、定期面談の際、法人の理念を紙に記入させたりしている法人もあります。

理念の浸透において大切なことは、向かうべき理念の先に法人の「利」と、職員の「利」とが重なっていることです。「利」とは成長を指します。理念に向かう途中で職員が自身の成長を感じ取り、その延長線上に、法人の理念が位置していると浸透しやすいでしょう。

したがって、職員も個人的に大切にしていることが明確であればあるほどよいといえます。法人の理念と個人の理念の重なる部分が大きければ大きいほど、職員の葛藤は少なくてすみます。法人の理念に共感している職員と事業計画を作成することが重要です。法人の理念に共有する職員が集まり、その職員が個人的成長を実感できたときに、理念は自然と職員の間に浸透していきます。

2 組織の理解

自身が所属している法人の組織図を作成することができるでしょうか。所属する法人の設立の由来や歴史をどの程度知っているでしょうか。また、組織において、事業所はどのような役割を期待されているのでしょう。

居宅介護支援事業所は収益性が低く、管理者や職員が経営陣との間に挟まれ、大きな葛藤を抱えるといった状況をたびたび目にします。居宅介護支援事業所は法人の表看板として、多くの地域住民や業者と接します。また、介護保険制度の要として不可欠な存在のはずです。そのため、採算性のみをもって評価されることに疑問を覚える管理者も多くいます。

一方、経営陣からは、居宅介護支援事業所は法人に対する貢献がないという話もたび

たび聞かれます。これらの摩擦が解消することはないのかもしれませんが、それを少なくするには互いが相手の役割を理解することが欠かせません。

　居宅介護支援事業所の管理者が事業所の役割を理解し、周囲に説明するには組織における役割を明らかにすることが不可欠です。一方、経営陣も居宅介護支援事業所に求めていることを明らかにする必要があります。

　法人における事業所の役割がわかれば、事業所の進むべき方向が明確になります。組織の歴史や組織の成長の段階、組織体系を理解し、事業所で共有しましょう。

③ 組織における計画について

　事業所の運営において理念に向かって進むには、さまざまな計画と目標が必要になります。それが、経営計画や中長期計画といわれるものです。一般的に、理念をもとに経営計画が作成され、経営計画を細分化、具体化したものが中長期計画にあたります。中長期計画をさらに細分化、または具体化したものが事業計画になります（図2-1）。事業計画は、さらに半年単位、1か月単位、1週間単位、1日単位の計画へとつながっていきます。

　なお、計画や目標は単に立てるだけでなく、ケアプランと同様、その達成状況について評価することが重要です。

図2-1　組織の理念から事業計画まで

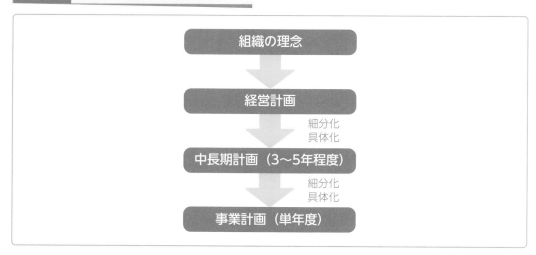

　では、計画は、どれから作成するとよいのでしょう。事業計画を積み上げていくのか、それとも経営計画を作成したうえでそれをもとに事業計画をつくりあげるのか、どちらがよいのでしょう。前者は足し算、後者は引き算といえます。

　事業所の運営において、最も大切なことは理念に向かって進むことです。足し算のように日々の実践を積み上げていく方法では途中でどこに向かって積み上げているのか迷子になる心配があります。

　一方、引き算は、理念という目指すべき方向が決まっています。日々の実践を通じてゴールに向かいます。ゴールが先で、そのゴールにたどり着くための手立てを決めていきます。つまり、事業所の運営については引き算の思考が重要となるといえます。利益を考える際にも同じことがいえます。

　すでに述べたように、事業所を運営するにはさまざまな種類の計画が必要です。なお、法人によって、その呼び方が異なるので注意してください。経営計画、中長期計画（対象の期間が３年から５年程度。特に決まりがあるわけではありません）、事業計画から、単年度、半年程度、毎月、毎週、毎日の計画まで、すべてそろっていることが望ましいといえますが、はじめはできるものからでも構いません。まずは事業所を見渡し、それらのうちどの計画があるのか確認します。また、組織の理念などがみつからない場合は、上司に確認します。組織の理念がただのお題目になってしまっている場合もあります。

　理念がどうしても見当たらない場合でも、単年度計画、半年の計画、毎月の計画があれば、職員がどこに向かって何をしているのか振り返ることができるようになるので、作成するほうが望ましいといえます。

Column

… 経営計画と中長期計画 …

経営計画

　経営計画は、船でいう羅針盤であり組織の進むべき方向を示します。全社的・長期的・戦略的な視点を備え、組織としてのあり方が如実に表れてくるのも、経営計画の特徴です。

　経営計画は、経営陣のトップや将来経営に参画することが期待されている幹部が作成することが多いでしょう。自社の経営理念や経営指針、会社によってはビジョ

ン、ミッションと表現することもありますが、自分たちはどのような社会的使命を担っている組織か、顧客に対してどのような価値を創造し提供するなのか、どのような未来を見据えて歩んでいるのかを明らかにすることが、経営計画の最も重要な意義でもあります。

中長期計画

　3年から5年間の間に、経営計画をもとに理念に向かってどのように進むのかを明らかにしたものが中長期計画です。経営計画が全社的なものであったのに対して、中長期計画は事業所ごとの方向性を示します。

　計画の立案にあたり、重要な視点は、外部環境と内部環境を十分に分析することです。介護保険事業における外部環境は、制度改正の行方や事業所の所在する地域の高齢化率の推移などです。3年から5年後の変化を予測し、その結果をふまえて、事業所として取り組む課題などを計画に位置づけます。

　一方、内部環境は、事業所の人材育成の体制や財務状況などです。なお、居宅介護支援事業所の人材育成は業界全体でも最重要課題といえます。

4 事業計画

　事業計画は、中長期計画で定めた目標に向かって各部門（居宅介護支援事業所、通所部門、入所部門など法人で異なります）が取り組む重点項目を単年度の計画などとして具体化したものです。ここでは、事業所で立てる1年間の計画を「事業計画」とします。事業計画は、管理者が一人で作成するのではなく、より多くの職員がかかわって練り上げるほうが実効性の高いものが作成できます。

　しかし、ケアマネジャーは多くの利用者を担当しており、時間を割いて事業計画を共同で作成するのは難しいのが実情です。

　事業計画には、①事業概要、②運営方針、③目標、④目標を達成するための具体的な取り組み、⑤収支計画、⑥研修計画（31ページ）、⑦予測されるリスク（感染症・災害対策等）とその対応、⑧年間予定などが含まれます。項目ごとにみていきます。

① 事業概要

　居宅介護支援事業は介護保険法で明確に規定されています。「指定居宅介護支援等の事業の人員及び運営に関する基準」（平成11年3月31日厚生省令第38号。以下、「人員・運営基準」）をふまえ、事業概要を作成します。

　「人員・運営基準」には、事業の基本方針が次のとおり定められています（表2-1）。

表2-1	基本方針

- 指定居宅介護支援の事業は、要介護状態となった場合においても、その利用者が可能な限りその居宅において、その有する能力に応じ自立した日常生活を営むことができるように配慮して行われるものでなければならない
- 指定居宅介護支援の事業は、利用者の心身の状況、その置かれている環境等に応じて、利用者の選択に基づき、適切な保健医療サービス及び福祉サービスが、多様な事業者から、総合的かつ効率的に提供されるよう配慮して行われるものでなければならない
- 指定居宅介護支援事業者は、指定居宅介護支援の提供にあたっては、利用者の意思及び人格を尊重し、常に利用者の立場に立って、利用者に提供される指定居宅サービス等が特定の種類または特定の指定居宅サービス事業者等に不当に偏することのないよう、公正中立に行われなければならない
- 指定居宅介護支援事業者は、事業の運営にあたっては、市町村、地域包括支援センター、老人介護支援センター（在宅介護支援センター）、他の指定居宅介護支援事業者、指定介護予防支援事業者、介護保険施設、指定特定相談支援事業者等との連携に努めなければならない
- 指定居宅介護支援事業者は、利用者の人権の擁護、虐待の防止等のため、必要な体制の整備を行うとともに、その従業者に対し、研修を実施する等の措置を講じなければならない
- 指定居宅介護支援事業者は、指定居宅介護支援を提供するにあたっては、介護保険等関連情報その他必要な情報を活用し、適切かつ有効に行うよう努めなければならない

② 運営方針

　居宅介護支援事業所の運営の方針は、「人員・運営基準」に運営規程（表2-2）として定めるものとされています。事業者は、事業所を開設する際、運営規程を保険者に届け出るとともに、事業所に掲示しなければなりません。変更する場合、変更届を保険者に提出する必要があります。事業計画に記載する事業概要と運営方針は運営規程が定められていれば同じもので構いません。

表2-2	運営規程に必要な項目
①	事業の目的及び運営の方針
②	職員の職種、員数及び職務内容
③	営業日及び営業時間
④	指定居宅介護支援の提供方法、内容及び利用料その他の費用の額
⑤	通常の事業の実施地域
⑥	虐待の防止のための措置に関する事項
⑦	その他運営に関する重要事項

③ 目標

中長期計画を達成するための目標を立てます。一般的に、数値で評価できる目標（売り上げや利益、延べ利用者数や平均要介護度、離職率等）を盛り込みます。年度末に評価できるような目標が望ましいといえます。ケアマネジャー一人ひとりの目標を掲げ、研修計画と連動させるなどして、事業所で働く職員が成長を感じられるような目標を取り入れるのも一つの方法です。地域行事への参加や住民向けの啓発活動などの開催回数も盛り込むとよいでしょう。特定事業所加算を算定している事業所は、ほかの法人が運営する事業所と共同で事例検討会、研修会等を実施することが求められますので、目標としてしっかり位置づける必要があります。

なお、「数値」はわかりやすい指標ですが、「数値」は結果にすぎません。目の前の数値を追うあまり、ケアマネジャーとして法令や倫理を守れないようでは本末転倒です。

数値目標は、それを達成する過程で、職員の人としての成長やケアマネジメントスキルの向上、在宅生活の限界を引き上げる土壌づくりを実現させるものがよいでしょう。

④ 目標達成のための具体的な行動

目標を達成するために、事業所において、いつ、誰が、何をするか役割を決めます。法人によっては、委員会活動を、事業所をまたいで組織しているかもしれません。そのような場合は、委員会活動を事業計画の「目標達成のための具体的な行動」として位置づけ、それぞれの役割を明らかにします。委員会活動は、ふだんの業務ではできない経験をつむよいチャンスです。

例えば、地域との交流会の受付では、その地域にどのような人が住んでいるのかわかります。ケアマネジャーは、要支援・要介護状態にある高齢者に接する多くの機会がありますが、地域に暮らす住民の多くは、要介護認定を受けていません。ふだん接するこ

とのない住民と交流をすることで、ふだんはみえていない地域の力を発見することができます。また、勉強会や研修会の企画運営を担当することになった際は、テーマと内容の検討、講師との連絡調整、研修の効果について学ぶ機会になります。

　委員会活動を、ふだんの業務にプラスされる、"やらされる"仕事と捉えると負担になりますが、多様な経験を通じて、人として成長するきっかけになるという前向きな姿勢で取り組むことができる、組織の文化、雰囲気づくりが管理者に求められるといえます。

⑤ 収支計画

　管理者になったら、事業所の売り上げ等に目を通す必要があります。「数字はちょっと苦手で…」という人も多いかもしれませんが、少なくとも事業所の月の売上目標や経費はおおまかにでも把握しておきます。少しずつ勉強して、理解を深めましょう。

　収支計画の作成には多少の勉強が必要です。上司と相談して進めます。収支計画があると年度末に評価することが可能です。収支計画の評価を通じて事業所の体質の理解を深めることができます。売り上げは社会からの客観的な評価です。評価者は利用者、保険者、付き合いのある事業所など多岐にわたります。内部の評価と外部の評価とに大きな差があれば、課題はどこにあるのかを考える機会になります。また、収支を明らかにすることで他の事業所と比較できます。これらを通じて、居宅介護支援事業所に共通する課題や事業所の個別の課題を発見しやすくなります。

　なお、福祉が金銭や利益にふれることをタブーとする風潮があります。しかし、事業所を維持・継続させるには、利益を生み出す必要があります。その利益をどのように使うのかが重要であり、利益があれば、次年度の研修や学会の参加費用に充てることもできます。利益がなければ、職員の賞与や昇給、その先の事業展開も難しくなります。また、万年赤字の事業所に対して運営法人が潤沢に人材育成や環境整備のための資金を投入するとは考えにくいでしょう。居宅介護支援事業所のおかれている環境は恵まれているとはいえませんが、事業として、一定の利益を捻出し、法人に評価され、待遇に反映されるサイクルを目指します。図2-2に紹介した固定費の項目は一例です。地域によってはガソリン代が占める割合が高く、家賃やガレージ代が低いこともあります。法人によって、役員報酬が発生しない場合もあります。また、賞与・退職金積み立ては行わず一括で計上することも可能です。

　まずは、経費のうち、大きな割合を占める項目を洗い出し、事業所の現状について理解を深めます。

図2-2　事業計画書の記載例

事業計画書	法人の理念	
	事業所または施設名	
項目	内容	
a, 事業概要	豊かな時間を、ゆっくり過ごしていただきます。 高齢者の一人ひとりが、自立して、生きがいをもち、充実した毎日を営み続けることができるよう、その在宅生活を支援します。	
b, 運営方針	① 可能な限りその居宅において、その有する能力に応じて、自立した日常生活を営むことができるように配慮して実施します。 ② 心身の状況、その置かれている環境等に応じて利用者の選択に基づいて、適切なサービスが総合的かつ効果的に提供されるよう配慮して実施します。 ③ 利用者の意思及び人権を尊重し、常に利用者の立場に立って、提供されるサービスが特定の種類または特定のサービス事業所に不当に偏することのないように配慮して実施します。 ④ 地域及び各機関との連携を図り、総合的なサービスの提供に努めます。	
c, 目標	・居宅サービス計画件数 　○○年度目標　居宅サービス計画作成件数　月○件/年間○○件 　介護予防サービス計画作成件数　月○件/年間○○件 ・離職率○%以下 ・認知症の基礎理解等地域住民向けの学習会4回開催（他事業所と共催） ・夏祭り1回開催（法人事業）	
d, 目標達成のための具体策	・新規利用者月4名以上　A病院との連携強化　担当　○○さん ・○○研修　企画担当2名　○○さん　○○さん　9月第1週 ・地域の夏祭り　受付担当1名　○○さん	

e, 収支計画		○○居宅介護支援事業所		1か月の件数 介護予防支援18件 （6名×3件） 居宅介護支援180件 （6名×30件）
		売上高	¥28,591,000	介護予防支援： 4,870円
		変動費	¥0	要介護1・2： 11,965円
		限界利益	¥28,591,000	要介護3〜5： 15,545円
	人件費	役員報酬	¥1,200,000	
		給料・賃金	¥18,000,000	介護予防支援： 4,870円×18件 =87,660円
		賞与・退職金積み立て	¥1,200,000	居宅介護支援： 12,750円×180件 =2,295,000円
		社会保険料	¥3,600,000	合計：2,382,660円
		福利厚生費	¥600,000	
		人件費計	¥24,600,000	
	その他固定費	家賃	¥1,440,000	
		ガレージ	¥180,000	
		電気ガス水道費	¥120,000	
		複合機リース	¥120,000	
		通信費	¥240,000	
		その他	¥240,000	
		減価償却費	¥360,000	
		支払利息	¥0	
		営業外収益（△）	¥0	
		固定費合計	¥2,700,000	
		経常利益	¥1,291,000	
f, 予想されるリスクとその対応				

⑥ 予測されるリスクとその対応

　地震をはじめとする自然災害や、感染症などさまざまなリスクを想定した事業所運営が必要になりました。まずは職員及び職員家族の安全を最優先にします。二次災害の予防といった観点から、安全が確保されるまでは絶対に利用者宅などを訪問しないようにします。

　あらかじめ、事業所の所在地におけるリスクをハザードマップで確認します。多くの市町村がホームページ等で掲載しています。

また、事業継続計画[*1]（Business Continuity Plan；BCP）の作成も組織として求められます。詳しい避難計画などを事業継続計画に記載するとともに、最低でも、職員の連絡網をつくり、連絡方法を決めておきましょう。また、業務中に災害に遭遇し、帰宅が困難になる場合などの対応方法も前もって決めておきましょう。備蓄品（水・食糧・ラジオなど）の在庫を管理する必要もあります。

利用者に対しては、ケアプランの第1表に避難先や連絡先などを記載し、必要に応じて近所の住民に声をかけ、非常時に困らないように十分な配慮をしておくことが減災につながります。できることは発災前の準備と発災後の対応を整えておくことです。発災時には、ほぼ無力です。その点を考慮して作成します。

⑦ 年間予定

年間予定は、単年度事業計画を進めるうえで必要不可欠なものです（図2-3）。新しい年度が始まる前にその期の年間予定を作成し、事業計画と一体的に活用します。事業所の目につくところに掲示します。または、ネットワーク上の情報共有ツールなどを活用し事業所内で共有します。

⑧ 事業計画の具体化

事業計画を具体化させるには、適切な頻度で進捗状況を確認することが必要です。「適切な頻度」とは、事業所のおかれている状況によって異なります。週に一度か、月に一度か、事業所のそのときの状況に応じて管理者を中心にして考える必要があります。

事業計画から大きく遅れている場合や、事業所が法人内で重要なポジションにある場合などは頻度が高くなるでしょう。また、事業所の管理者が集まり事業計画の進捗状況を共有する法人もあります。そのような会議が開催されている場合は、連絡事項を事業所にもち帰り、職員と共有することが管理者に求められています。

一斉に集まることが難しい場合は、オンラインでの開催もできるように準備しておく必要があります。

---

*1　事業継続計画：企業が自然災害などの緊急事態に遭遇した場合に、損害を最小限にとどめつつ、中核となる事業の継続あるいは早期復旧を可能とするために、平常時に行うべき活動や緊急時における事業継続のための方法、手段などを取り決めておく計画のこと

図2-3　年間予定（一部）

■11月

1	日	
2	月	
3	火	
4	水	
5	木	実績入力（～9日まで）
6	金	スタッフミーティング（現況報告）
7	土	
8	日	
9	月	伝送
10	火	
11	水	
12	木	
13	金	スタッフミーティング
14	土	
15	日	
16	月	
17	火	
18	水	社内事例検討会
19	木	
20	金	スタッフミーティング
21	土	
22	日	
23	月	
24	火	
25	水	
26	木	個人面談（12月10日まで）
27	金	スタッフミーティング
28	土	（振り返りシート）
29	日	
30	月	

■12月

1	火	実績入力（～8日まで）
2	水	
3	木	
4	金	スタッフミーティング（現況報告）
5	土	
6	日	
7	月	
8	火	
9	水	伝送
10	木	健康診断
11	金	スタッフミーティング
12	土	
13	日	
14	月	
15	火	
16	水	
17	木	星空カフェ（認知症カフェ）
18	金	スタッフミーティング
19	土	
20	日	
21	月	
22	火	
23	水	社内事例検討会
24	木	
25	金	スタッフミーティング
26	土	
27	日	
28	月	
29	火	冬季休業
30	水	
31	木	

● スタッフミーティングは、特定事業所加算の要件です。
　現況報告では、前々月の給付管理数、新規・中止の数を共有します。

⑨ まとめ

　事業計画作成のポイントは、組織の理念をもとに長中期計画の達成に向けて事業を展開していくことにあります。具体的な数値目標と達成方法を盛り込み、単年度で評価し、次年度はよりステップアップしていきます。

　また、事業計画の作成にあたり、誰に参画してもらうのか検討することも重要です。

事業所の管理者だけで作成するよりは、職員を巻き込むほうがよいでしょう。最初は、年間予定のみといった具合に、部分部分に分けて担当してもらうのも一つの方法です。

5 研修計画

1 組織における人材育成と研修計画

　ケアマネジャーには資質向上の義務が定められています（介護保険法第69条の34第3項）。また、居宅介護支援事業者は、ケアマネジャーの資質の向上のために、その研修の機会を確保しなければならないとされています（「人員・運営基準」第19条第3項）。

　したがって、管理者は、年間を通じた研修計画を立てる必要があります。参加した研修については、職員からレポートを提出してもらい、研修実施記録として保管します。

①「人材を育成できる人材」を育てる

　組織は人から成り立っており、次世代に事業を引き継ぐことのできる人材の育成が組織にとっては必要です。いくら優れたケアマネジャーであっても一人が担当できる利用者の数には限界があります。優れたケアマネジャーの技術を後進に伝えていくことが重要です。後進を育て、その人がさらに次の人材を育成することが、結果として地域全体の社会福祉の充実につながります。地域に必要とされる事業所であるためには、「人材を育成できる人材」を計画的に育成することが目標の一つになります。

② 研修計画における目標

　職場で費やす時間は1日の3分の1を占めます。人は仕事と私生活を完全に切り離すことはできません。仕事を通して人間として成長するとともに、私生活で得た気づきを仕事に活かすこともあります。

　日本がまだ豊かでなかった時代は、テレビ、冷蔵庫、車といった「モノ」を所有したいという物質的欲求が仕事に対するモチベーションにつながりやすかったといえます。一方、個人のスマートフォンの保有者の割合が6割を超える[2]など、物質的にも比較的恵まれている現代社会にあっては、職員の個人の夢や目標が仕事に対するモチベーションに大きな影響を与えるといわれています。個人の夢や目標の達成を事業所が応援

---

[2]　2019（令和元）年。総務省「令和元年通信利用動向調査」

し、職員が公私共に充実した時間を過ごせるよう、管理者は配慮する必要があるのです。そのため、研修計画の目標として、直接的に実務に役立つ知識、技術の習得のほか、職員の人生を充実させるための内容も含めるとよいでしょう。

2 人材育成計画としての研修計画

事業計画における人材育成と研修計画について考えます。研修計画の立案にあたっては、賃金制度の共有、中長期計画で進めるべき方向性をふまえた逆算的な人材育成、職員の希望の3つの視点が大切になります。

まず、事業所における職員のキャリアプランを明らかにします。職員が将来的なキャリアアップのイメージを視覚的に確認できる表などが用意されているとよいでしょう（図2-4）。

また、事業所（法人）の賃金評価システムを職員と共有します。多くの職員は、仕事の"大変さ"が賃金に比例すると考えていますが、実際に賃金と比例しているのは利益です。したがって、賃金テーブルや昇給・賞与、そして個人加算の要件などを職員と共有し、賃金を決めるしくみを職員に理解してもらいます。

次に、中長期計画や単年度の事業計画をふまえたうえで、事業所としてどのような人材（次の管理者、職人的なタイプ、新人の育成が上手なタイプ）が、いつまでに何名、必要になるのか検討します。

また、人材育成にあたっては、職員がどのような成長を求めているかも重要な要素となります。上昇志向があるのか、賃金は同じままで同じ仕事を続けたいのか、職員のライフステージや雇用形態などによって差が生まれます。管理者はそれらをふまえ、職員と十分に意見交換して合意を形成していくことが必要です。

3 ケアマネジャーの成長段階の理解

ケアマネジャーの成長はおおまかに3つの段階に分けることができます。

一つめは、個別援助をしっかりと展開する段階です。フォーマルサービス、インフォーマルサポートを問わず、地域資源を活用し、法令を遵守したケアマネジメントサイクルを展開することが求められます。

次は、日本ケアマネジメント学会の認定ケアマネジャーや主任ケアマネジャーとし

て、職能団体で実践を発表したり、新人教育を担当したり、地域づくりに取り組んだり
する段階です。

　最後が次のような取り組みを行う段階です。

● スーパーバイザーや研修講師として法人内外の人材を育成する

● 職能団体などの役員となり、関係省庁や関連団体と業界全体の発展を支える

● 職人的に多くの利用者を担当し質の高いケアマネジメントを提供し、実践研究や論文
　を発表する

　さらにその上に、スーパーバイザーを育成する段階もあります。

　管理者は、事業所に所属しているケアマネジャーの強みや弱みなどを理解します。そ
の過程は利用者のアセスメントと同じです。異なるのは、長中期計画をふまえ、どのよ
うな人材を育成するかともに考えることです。職員の強みはどこにあるのか、ふだんか
ら根気強く観察し、アセスメントやケアプラン作成のくせなどを把握します。

図2-4　キャリアイメージの例

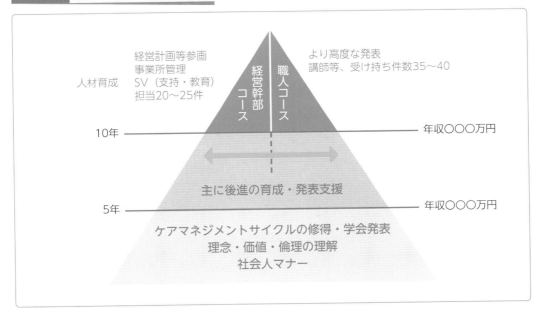

事業所の研修計画

研修の種類は、おおまかに、①法定研修、②主任介護支援専門員更新研修を受けるための研修、③特定事業所加算算定のための研修、④その他の研修に分けることができます。

1 法定研修

いわゆる法定研修には、①介護支援専門員実務研修、②介護支援専門員専門研修（専門研修課程Ⅰ・専門研修課程Ⅱ）、③介護支援専門員更新研修、④主任介護支援専門員研修、⑤主任介護支援専門員更新研修があります。このほか、介護支援専門員として実務に就いていない、または実務から離れている場合を対象とする「介護支援専門員再研修」があります。

管理者は、職員の介護支援専門員証の更新時期のほか、主任介護支援専門員研修を受講できる要件を満たしているかどうかなどをまとめて、管理することが求められます。

また、介護予防支援のプランを作成するための資格有効期間満了日と研修日程にも注意します。

2 主任介護支援専門員更新研修を受けるための研修

主任介護支援専門員更新研修を受講するには、地域包括支援センターや職能団体等が開催する法定外の研修等に年4回以上参加する必要があります（表2-3）。職員が更新時期を迎える場合には、あらかじめどの研修を受講すれば受講要件を満たすのか確認します。それには、まず修了証が発行されている研修を把握することが必要です。それぞれの団体の前年度の研修開催実績を確認するとともに、総会資料などに記載されている年間研修計画などから把握します。

主任介護支援専門員の資格は管理者の要件にもなる資格です。確実に更新研修を受講できるように支援する必要があります。

また、主任介護支援専門員更新研修は、研修等の参加以外にも、日本ケアマネジメント学会が認定する認定ケアマネジャーであること、介護支援専門員にかかる研修の企画、講師やファシリテーターの経験をもつことなども受講要件とされています。

| 表2-3 | 主任介護支援専門員更新研修受講資格 |

研修対象者は、次の①から⑤までのいずれかに該当するものであって、主任介護支援専門員研修修了証明書の有効期間がおおむね2年以内に満了する者とする。

なお、特に質の高い研修を実施する観点から、上記の要件以外に、都道府県において実情に応じた受講要件を設定することは差し支えないものとする。

① 介護支援専門員に係る研修の企画、講師やファシリテーターの経験がある者
② 地域包括支援センターや職能団体等が開催する法定外の研修等に年4回以上参加した者
③ 日本ケアマネジメント学会が開催する研究大会等において、演題発表等の経験がある者
④ 日本ケアマネジメント学会が認定する認定ケアマネジャー
⑤ 主任介護支援専門員の業務に十分な知識と経験を有する者であり、都道府県が適当と認める者

3 特定事業所加算算定のための研修

特定事業所加算の算定にあたっては、複数の要件が定められています。このうち、研修・人材育成にかかわる要件として、次の4つが求められています（表2-4）。

| 表2-4 | 特定事業所加算算定のための研修・人材育成にかかわる要件 |

● 介護支援専門員に対する計画的な研修の実施
● 地域包括支援センター等が実施する事例検討会等への参加
● 介護支援専門員実務研修の科目の一つである「ケアマネジメントの基礎技術に関する実習」等に対する協力または協力体制の確保
● 他の法人が運営する居宅介護支援事業者と共同で行う事例検討会、研修会等の実施

① 介護支援専門員に対する計画的な研修の実施

介護支援専門員に対する計画的な研修の実施とは、①事業所における介護支援専門員の資質向上のための研修体系と研修実施のための勤務体制の確保について定めるとともに、②介護支援専門員について個別具体的な研修の目標、内容、研修期間、実施時期等について、毎年度少なくとも次年度が始まるまでに次年度の計画を定めなければなりません。また、③管理者は、研修目標の達成状況について、適宜、確認し、必要に応じて改善措置を講じなければならないとされています。

なお、年度の途中で加算取得を届け出る場合には、届出までに計画を策定すればよいとされています。

② 地域包括支援センター等が実施する事例検討等への参加

　事業所として、地域包括支援センター等が実施する事例検討会や事例研究会に積極的に参加します。可能であれば、受付や司会、板書などの役割を担います。

　なお、事例検討会や事例研究会そのものが行われていないようであれば、地域の課題として取り上げ、地域包括支援センターや地域のほかの事業所と連携し、開催につなげられるようにします。

③ 介護支援専門員実務研修における見学実習者の受け入れ

　介護支援専門員実務研修では、その科目の一つとして「ケアマネジメントの基礎技術に関する実習」が位置づけられています。利用者の自宅を訪問し、アセスメントの実施、居宅サービス計画の作成、サービス担当者会議の準備・同席、モニタリングの実施、給付管理業務の方法など一連のケアマネジメントプロセスについて、実習を行います。

　実習を受け入れる事業所の指導者は、原則として、主任介護支援専門員研修を修了していることとされ、適切な知識・技術を提供するだけでなく、業務に対する姿勢や倫理観の模範となることが求められます。実習の受け入れを通じ、事業所の、または介護支援専門員の業務を振り返る機会とするとともに、新たな気づきを業務の改善につなげます。

　なお、「協力」「協力体制」とは、実際に実習を受け入れていることに限られるものでなく、受け入れが可能な体制が整っていることをいいます。したがって、事業所は、研修の実施主体との間で、実習の受け入れに同意していることを書面などによって提示できるようにします。

④ 他の法人が運営する居宅介護支援事業者と共同で行う事例検討会、研修会等の実施

　特定事業所加算を算定する事業所は、「地域における居宅介護支援事業所のケアマネジメントの質の向上を牽引する立場にあることから、同一法人内に留まらず、他の法人が運営する事業所の職員も参画した事例検討会等の取組を、自ら率先して実施していかなければならない」とされています。その取り組みは地域によって大きな差があり、地域包括支援センターが中心になって主体的に進めている地域や職能団体が支部単位で行っている地域、顔なじみの事業所が集まって行っている地域など、さまざまです。

　特定事業所加算は、支援の困難なケースへの積極的な対応や、専門性の高い人材の確保、医療・介護連携への積極的な取り組みなどを総合的に実施することによって質の高

いケアマネジメントを実施している事業所を評価するものです。その趣旨を理解し、事例検討会、研修会等などを自ら率先して実施したいところです。

　また、取り組みにあたっては、事例検討会等の内容、実施時期、共同で実施するほかの事業所等について、毎年度少なくとも次年度が始まるまでに次年度の計画を定めなければなりません。参加する事業所による運営会議などを年に数回行い、議事録に年間計画と役割分担を記載します（図2-5）。運営会議にあたっては、事例検討会の開催方法（野中式、気づきの事例検討会など）についてもしっかり確認します。事業所のやり方が必ずしもほかの事業所の方法と一致するとは限りません。

　また、メーリングリストやLINEなどのSNSを利用した連絡網の整備も重要です。会議の議事録を送り、次の会議の案内などを忘れずに行います。

　事例検討会や研修会の開催にあたっては、出席者名簿の整備と受講証明書の発行が望ましいでしょう。なお、事例検討会や研修会の開催は、地域のケアマネジメント力の向上が目的です。特定事業所加算を取得している事業所のみを対象とするのではなく、加算を取得していない事業所への呼びかけも重要です。

図2-5　事例検討会議事録参考様式

年度　　〇〇市事業所を超えた事例検討会　　運営会議
議　事　録

日　時　　　　　年　月　日　（　）　00:00～00:00
場　所　　　　　〇〇市福祉センター
参加人数　　　　15名
参加事業所数　　13事業所
会場設営・準備　〇〇市事業所を超えた事例検討会企画委員
議事録作成者　　居宅介護支援事業所〇〇　　〇〇〇〇

【内容】
1．最初の挨拶
2．　　年度　事業所を超えた事例検討会について　司会進行・板書　　司会：　　　　　板書：
運営参画各事業所より　各1名参加
事例検討会、研修等の年間スケジュールは下記の通りに決定した。

日程	年 月　日( )	年 月　日( )	年 月　日( )	年 月　日( )	年 月　日( )
内容	事例検討会	8050問題 障害者支援 研修	〇〇市 市担当課長、研修	事例検討会	事例検討会
事例提供者 又はテーマ		支援相談員との連携について	〇〇市における不正案件について		
司会					
板書					
議事録					

3．次回の連絡等
次回は、「事業所を超えた事例検討会」を下記日程で行う。
次回開催日時　　年　月　日( )　00：00～00：00
場所

4 その他の研修

　居宅介護支援事業所は、法令で規定されている研修のほかにも、研修の機会をつくる必要があります。こうした研修を通じ、職員のケアマネジメントスキルの向上や職員の人生の充実につながるのはいうまでもありません。

① 職能団体が行う研修

　日本ケアマネジメント学会や日本介護支援専門員協会など各職能団体や各学会等が行う研修やそれらの支部が行う研修があげられます。これらの団体は、法定研修や特定事業所加算の要件を満たすための研修のほかにも、虐待対応など多くの研修を行っています。会員であれば、送られている研修案内を確認します。会員でなければ、ホームページなどを通じて確認します。

② 法人が行う研修

　法人によっては、全職員を対象とした研修を行う場合があります。内容は、法人の進むべき方向性を示すものや、知識、技術の習得を目的とするものまで幅広く、また、講義が中心のものから演習を中心とするものまで形式も多様です。研修内容や開催方法など、その法人の特色が色濃く出る部分でもあります。また、このような研修を企画・運営することも大きな学びにつながります。

③ 事業所が行う研修

　これまでに述べてきたとおり、法定研修をはじめとする介護支援専門員を対象とする多くの研修があります。一方、それらは、必ずしも事業所の状況をふまえた、または所属する介護支援専門員のニーズにあったものであるとは限りません。事業所で研修を行うことで、業務を通じて明らかになった課題をふまえ、事業所の計画に沿ったものに柔軟に構成することもできます。同じ講師に年単位で数回に分けて依頼することもできるでしょう。法定研修や規模の大きな研修は、いわば既製服といえます。一方、事業所単位の研修はオーダースーツのように、事業所のニーズにぴったりと合った研修にすることが可能です。

　ただし、規模の小さな事業所の場合、予算の制約も大きく、講師料が負担になるかもしれません。その場合、複数の事業所による開催も検討します。

④ 学術研究大会について

　専門職として働いている以上、日本ケアマネジメント学会等が主催する研究大会や日本介護支援専門員協会が開催する全国大会などに、一度は足を運んでみましょう。それらの研究大会・全国大会では、日本中からケアマネジャーが集まり、実践研究や実践報告が行われます。また、先進的な取り組みやトレンドなどを学ぶことができます。

　また、実践発表などにもぜひチャレンジしてください。決して簡単ではありませんが、実践を振り返るよい機会になります。職場に経験者がいれば教えてもらうこともできますが、主催団体で実践発表を支援する研修も用意されています。学術研究大会は介護支援専門員の"テーマパーク"です。学ぶことの楽しさ、その学びを利用者や地域に還元することの意義を体験してください。

5 研修計画の作成

　職員の日頃のケアマネジメントの力量を観察しながら、遅くとも次年度の始まる1か月前までには研修計画を策定します（図2-6）。できれば、職員に、自身の伸ばしていきたい技術や学びたい知識などについて考えてもらい、それをもとに年間計画を作成するとよいでしょう。その計画をもとに参加する研修や事業所で行う研修について検討します。

図2-6　個人研修計画表

[　　　　　　年度研修予定　]

	今年度の目標	第一期	チェック	第二期	チェック	第三期	チェック	第四期	チェック
A管理者	運営管理について理解を深め、計画的に事業を行う。	福祉人材育成研修（社会福祉士会）成年後見制度研修		組織管理者研修（社会福祉士会）		金銭管理を考える研修（A市介護支援専門員協会）		高齢者虐待研修（A市介護支援専門員協会）	
Bリーダー	対人援助職者としての知識・技術を学び、さらなる資質向上を目指す。	共生社会に向けて障害について学ぶ（B県介護支援専門員）		多職種連携による支援（B県介護支援専門員）		コーチングについて学ぶ（B県介護支援専門員）		虐待防止研修（A市介護支援専門員協会）	
C	ケアマネジャーとして仕事の幅を広げ、その質を深めていくことを目指す。	後見制度の活用と法定後見人との連携の仕方		ケアマネジャーのための手話研修（B県介護支援専門員）		ケアマネジャーのための傾聴講座		ケアマネジャーのためのストレスマネジメント	
D	対人援助業務従事者としてさらなる知識とスキルの向上を目指し、安定した支援の提供を目指す。	金銭管理を考える研修（A市介護支援専門員協会）		経済的困窮を抱えるケースの事例検討会への参加(同左)		高齢者虐待研修（A市ケアマネジャー連絡会）		地域医療シンポジウムへの参加（A市医師会）	
E	高齢者に多い疾患など医療的な知識を習得し、さまざまなケースに対応できるようにしたい。災害時の実際の対応法を身につけたい。	医学知識の研修		精神疾患のある利用者とのかかわり		災害医療について		高齢者虐待研修（A市介護支援専門員協会）	

※第一期：1月～3月、第二期：4月～6月、第三期：7月～9月、第四期：10月～12月

7　研修費用と休暇の取り扱い

　研修にかかる費用について、個人の資格取得などのための研修の場合は個人負担で、法人（事業所）の命令による場合は交通費も含めて公費として支給されることが多いようです。宿泊を伴う場合は、交通費と宿泊費（定められた上限あり）も支給されます。学術研究大会などで発表する場合は、旅費、宿泊費、参加費のすべてをまかなう法人もあります。

　休暇の取り扱いは、事業所によって大きく異なります。法定研修の場合は勤務扱いと

し、個人の希望による研修の参加は有給を消化することとしている場合や、法定研修かどうかにかかわらず、すべての研修について勤務扱いとしている事業所もあります。レポートの提出で費用と勤務の扱いが変わる事業所もあります。取り決めがない場合は整えていきましょう。最初から完璧なものを目指すのではなく、まずは作成、運用してから、改善してはどうでしょう。

　研修参加にかかる費用と、休暇の扱いは職員にとって大きな関心ごとです。予算も勘案しつつ、工夫して働きやすい職場づくりにつなげましょう。大切なことは、あらかじめルールを明らかにしておくことです。職員によって、もしくはその時々によって対応が異なるようでは、職員のモチベーションに大きな影響を与えます。

8) 採用計画

　採用計画の作成にあたり、大切な視点は、事業所を取り巻く環境と介護保険制度の動向といえるでしょう。一般的に、福祉業界は景気が悪いと求人に対する応募が多くなり、景気がよいと少なくなります。介護支援専門員をはじめ、福祉・介護業界の人材不足は深刻な状況にあり、多くの地域で、採用が難しくなっています。

　管理者は、中長期計画や単年度計画に基づき、また、業界全体の状況や地域の状況をふまえ、必要な人材を、いつ、どのように募集し、採用につなげるか具体的に考えなければなりません。

1) 新卒採用

　新卒者にとってその事業所が初めて働く職場になるので、その採用は、事業所にとって非常に大きな責任が伴いますが、迎え入れる側の職員は手本をみせようと一生懸命になりますし、また、教育係を務める職員も、教えるために学ぶといった好循環を生み出すきっかけになります。

　一方で、募集ができる期間が限定される、即戦力の採用にはつながらない（特に、介護支援専門員の場合、資格の取得には実務経験が必要とされるため、資格をもっている新卒者がいないといえます）などがデメリットになります。

　例えば、複数の企業が集まる就職フェアに出展する場合、ポスターやパンフレットなど

が必要とされ、その作成のための費用や広告代理店との連絡などの業務が増加することになります。一般的に、規模が大きくなればなるほどその参加費が高額になります。

　なお、福祉業界の希望者のみを対象とした企業説明会もあります。まずは、採用担当者が足を運んだうえで、翌年度の参加を検討する必要があります。新卒採用や合同就職フェアの開催情報などについては、全国老人福祉施設協議会や地域の商工会議所、中小企業同友会などで得ることができます。

2　中途採用

　中途採用のメリットは、介護支援専門員の資格を保有している求職者を対象にできることです。即戦力が必要なのか、管理者候補か、事業計画に照らし合わせて検討でき、人材紹介会社などを通して条件にあった人材を募集することが可能です。

　すでに実務経験のあるケアマネジャーを採用した場合は、業務の進め方など、それまでに勤めていた事業所との違いが大きい場合は、互いに戸惑いが生じるかもしれません。運営基準の解釈やケアマネジャーの業務範囲が異なる場合もあるので、事業所で自主点検の場などを活用して確認していく必要があります。

　資格取得後、初めて業務に就くケアマネジャーを採用した場合、3か月程度の研修期間が望ましいといえます。退職者の担当していた利用者のケアプラン作成をすぐに任せることは難しく、時間をかけた育成が求められます。また、その準備を事業所で整えなければなりません。

　なお、公共職業安定所（ハローワーク）を通じた求人であれば、費用はかかりません。まずはハローワークに求人の申し込みを行います。求人広告は大きさや期間などさまざまで、事業所の予算に合うものを探すことができます。おおよそ3万円からインターネットなどに掲載することはできますが、インターネットで検索上位に表示するなど、多数のプランがあります。

　大切なことは、求人広告の担当者に事業所の「売り」や欲しい人材などを伝え、一緒に掲載内容をつくり上げていくことです。それには、事業所の長所と短所を分析する必要があります。

　求職者との採用面接では、求職者の希望と事業所の希望をすり合わせる技術が必要となります。可能であれば、法人の採用担当者や上司、または、事業所のケアマネジャーなどと2人以上で面接を進めます。採用可否は一度で決めるのではなく、職場見学や事

業所の職員との顔合わせなどを実施したうえで行います。募集から採用の決定までのプロセスには時間がかかります。丁寧な採用プロセスが、その後の安定した雇用関係につながると信じましょう。また、募集から採用まで、常にスムーズに進むわけではありません。気を落とさずに根気よく続けることが大切です。そのために、とても難しいことですが、急な補充が必要とならない事業所の運営を心がけます。

　なお、採用にあたっては、経験や仕事の「能力」のほかに、理念の共有ができるかどうかも基準になります。

図2-7　職員に求めること

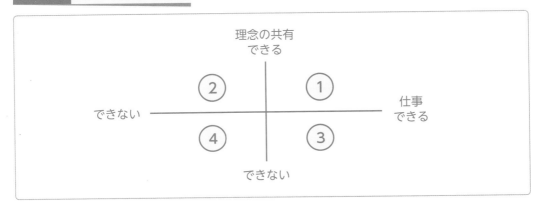

9 そのほか単年度に管理者が行うこと

　自己点検表（シート）（保険者によって名称は異なります）を活用し、運営基準を年に一度は事業所のすべての職員で確認します。

　保険者への届出（ケアマネジャーの増減や事業所の移転など）、ケアマネジャーの異動や加算届などは日常の忙しさのなかで後回しにならないよう、その都度行います。申請方法は、多くの場合、保険者のホームページに記載されていますが、わからないことは質問し、適切な事業運営を行います。

　定年退職は、あらかじめ予定できるため、所定の方法をとって手続きをします。その際、必ず退職後の秘密保持契約書を取り交わします。また、急な退職希望がある場合には、その職員の話を十分に聞きます。留意するか、辞意を受けるかについては、事業所のそのときの状況に加え、将来的な視点を取り入れ検討します。

10 最後に

　事業計画は、中長期計画に位置づけられた目標や経営方針に向け、管理者と職員が一年間でどれだけ成長できるか、具体的に表現するものです。経営方針や中長期計画は、働く職員の成長や地域社会の充実につながっていく必要があります。事業所のみが成長するのではなく、そこで働く人と地域住民も成長しなくてはなりません。また、計画は立てて終わりではありません。ケアプラン同様、作成するだけでなく、年度末には評価を必ず行います。

　なお、一人事業所であっても、その後の事業展開を検討するために経営計画等は必要になります。

　事業計画を、管理者一人で作成する必要はありません。上司や事業所の同僚、または職能団体等などにも相談しながら進めましょう。最初からすべてをそろえる必要はありません。できることから順番に取り組んでいきます。その場合も、いつまでに、誰が何をするのかといった計画を立てて取り組みましょう。

Column

… 組織の成長と評価 …

　その種類にかかわらず、福祉・介護に携わるすべての組織が、最終的には地域に根ざし、利用者や職員が高い満足を得られる組織を目指しているといえるでしょう。

　しかし、設立当初から、このような組織が出来上がっている訳ではありません。人間と同じように、組織にも成長の段階があるといえます。

　設立当初は、知名度も、周囲からの信用もありません。地道な実践を積み重ねているなかで、徐々に地域で認知されるようになり、また、利益構造も改善されていきます。次いで、利用者や職員の満足度が高く、経営が安定し、地域から頼られる存在へと至ります。

　では、組織の成長段階を評価するには、どうすればよいのでしょうか。目指すべきゴールが明らかになっていなければ、現状を評価することはできません。

　組織の理念（ビジョン）がここでも大切になります。組織の理念（ビジョン）は、現状を振り返り、組織がどの成長の段階にあるのか判断する、重要な指標にもなるのです。

3

半年単位で行う管理者の

"仕事"

1 個人面談

1 面談の目的

　半年で行う管理者の"仕事"のうち、最も中心となるものは、職員との個人面談です。賞与の支給や昇給がある事業所の場合、賞与の支給、昇給の前に、過去半年の振り返りと次の半年に向けた目標の設定、共有のための面談を行います。賞与の支給や昇給などのしくみがない場合でも、半年を単位に職員との面談の機会を設けます。なお、「半年ごと」は、あくまでも最低限の頻度です。入職直後、または職員が課題を抱えているときは面談の頻度が多くなります。

　職員との面談を行う目的は次の3つです。

① 過去半年の事業所の業績の共有とその先半年の目標の共有
② 事業所が目指している方向性と、職員の公私の目標の確認

　　事業計画で具体化された、事業所の目標と職員の公私の目標と、3つの目標を達成するプロセスを確認します（目標の共有）。

③ 職員のケアマネジメント技術における強みと課題を共有し、専門職としての成長をうながす

　職員との面談を通じて目標を共有し、達成状況の振り返りを行って、次の目標を立てるという、成長のサイクルを回していくことを意識します。

　職員にとって、評価が昇給・賞与にどのように反映するかは大きな関心ごとです。したがって、評価がどのように昇給・賞与に反映されるか、法人（事業所）における考え方や、しくみを明らかにしておく必要があります。経営計画や事業計画と一貫性をもった評価項目でなければなりません。

　ただし、金銭的な報酬は上をみたらキリがありません。職員の金銭的な報酬に対する希望を満たすために事業所の継続が困難になってしまっては本末転倒です。また、金銭的な報酬でしか評価がされないと、金銭的な報酬にしか反応しない職員になります。さらに、金銭的な報酬は金銭的報酬に対する新たな不満を生み出します。そのため、金銭的な報酬とは別の評価基準が必要になります。

　なお、賞与とは、「定期又は臨時に、原則として労働者の勤務成績に応じて支給されるものであって、その支給額が予め確定されていないものをいう」と定義されています[1]。

---

[1]　労働基準法の施行に関する件（昭和22年9月13日発基17号）

賞与総額（賞与原資）は、基本的には半期の業績に応じて、経営判断によりその分配比率が決められます（例えば、賞与（賞与総額）に25％、設備投資に25％、内部留保のために25％、税金に25％など）。賞与総額（賞与原資）が決まったら、人事評価などをもとに配分し、最終的に個別の賞与額を決定します。

　職員は、会社の業績や自身の成績にかかわらず賞与は一定額が保証されているという認識をもっている場合があります。また、賞与が生活費の一部になっている職員もいます。すでに述べたように、賞与は業績によって支給総額が決まり、個人に対する評価によって最終的にその支給額が決定されます。つまり、業績が悪い場合は賞与が支給できないということです。賞与と月給、昇給の捉え方は職員によって異なるので、その考え方と算定方法について、管理者はあらかじめ明らかにして面談にのぞむ必要があります。また、その説明を、経営陣が行うように提案するのも管理者の仕事の一つになります。まずは法人（事業所）における賃金制度と評価制度について職員と共有することから始めます。

　なお、業績が悪く賞与の支給や昇給がない場合でも、その理由の振り返りのため職員との面談は必要です。

Column

… ケアマネジメントの質の評価と賃金 …

　居宅介護支援事業の運営は決して余裕のあるものではありません。「令和2年度介護事業経営実態調査」によれば、居宅介護支援事業所の令和元年度決算の収支差率は△1.6％となっています。また、給与費は、事業費用の83.6％を占めています。また、常勤換算一人あたりの給与費は、常勤の場合363,346円、非常勤の場合301,557円です。

　介護報酬のしくみは、ケアマネジメントの質と金銭的な評価が連動しているとはいえません。ケアマネジメントの質を可視化しケアマネジメントの質の評価を賃金と関連づけることがこれからの課題の一つかもしれません。

2 ▶ 面談のポイント

　居宅介護支援事業所は、職員のモチベーションの維持のために、金銭的な報酬に大きく頼れない経営環境にあります。しがたって、職員のモチベーションを高め、職員が自身の目標の達成に向かうようにするには多くの工夫が必要です。法人の理念を説明し、職員の夢や目標も達成できるようプロセスを共有します。職員自身の成長に対する実感や地域社会への貢献などを評価に導入し、職員の自尊心を高めるしくみづくりも大切になるでしょう。

　また、管理者が目指している、職場の文化や雰囲気などを明確にし、説明する必要があります。仕事の話しかしない職場と多少のプライベートをもちこみ和気あいあいとした雰囲気のある職場のどちらを目指すのか。管理職と職員とでは、考え方が異なるかもしれません。社風は一つですが、事業所ごとの個性はある程度幅があります。

　職員のおかれている環境にも配慮が必要です。単身世帯をはじめ、世帯の規模はいっそう小さくなると考えられます。一人暮らしの職員にとって、職場が他人と話すことのできる数少ない場所になるかもしれません。もちろん、職場での規律は大切にされるべきです。業務とはかかわりのない、"おしゃべり"を奨励するわけではありません。ケアマネジャーとしての技術の向上が最も重要ですが、技術を向上させるための、職員のモチベーションの源が何であるのかを知る必要はあります。職員がどのような人生を送りたいと考えているのか、何を大切にしているのか、そのときのライフステージで何を優先しているのかなど、話ができる信頼関係を構築する必要があります。それは、職員の個人的価値に対する干渉ではなく、職員の大切にしていることを尊重するために必要なコミュニケーションです。職員の考え方や職員を取り巻く環境などを踏まえ、職員の送りたい人生や夢を叶えるために事業所で何ができるかを考えることが大切になります。オンとオフのメリハリをつけること、職員の成果に対する評価基準と評価方法をしっかりともつことで、両者を成立させることを目指します。賃金が異なる管理者と同じ水準の技術や仕事量、仕事に対する熱意を求めてはいけません。

　なお、管理者は職員の評価者であると同時に職員から評価を受けています。管理者自身の強みを自覚し、職員の成長を促すためには、ほめ、教え、一方でケアマネジャーや企業の倫理と価値を守れているかを管理するといった複雑な立ち回りが必要になります。

　また、面談の進め方とその留意点について、表3-1にまとめます。

表3-1	面談の進め方の例と留意点

○　面談の頻度・時期

● 面談は少なくとも半年に一度行います。面談を実施する時期は、賞与の支給・昇給に評価を反映させる場合、賞与支給・昇給決定の1か月前から2週間前がよいでしょう。

● 事業計画に面談期間を定めておきます。

○　面談の時間

● 面談時間は十分にとります。一方で、あまりに長いと、焦点が絞りにくくなる、負担感が増すなどの影響もあることから、1時間程度を目安にします。

○　留意点

● 利用者との面談と同様、プライバシーに十分配慮し、安心して話ができる空間を用意します。

● 必要に応じて、上司などが同席することもできます。その場合、事前に職員に伝えておく必要があります。

● 管理者は、職員に事業所で使用しているスキルチェックシートや振り返りシート（以下、「チェックシートなど」）を面談前に提出してもらい、あらかじめ目を通しておきます。

● 管理者は、職員が前回提出したチェックシートなどに記載された目標に対して評価します。

● 職員は、半年前のチェックシートなどにまとめた目標について自己評価をまとめます。

● 管理者は、面談で伝えたいことをあらかじめ決めておきます。ほめる点・認める点と課題として成長を期待する点をまとめます。その職員に最も伝わる方法を考えます。大切なことは職員がどうすれば成長するかということです。

面談の実施中	● 開始から5分程度は、職員の最近の興味や関心などを話しながら場をほぐします。 ● まずは法人や事業所の業績について、計画と照らし合わせて説明します。 ● 目標を達成した場合、または達成しなかった場合でも、その要因について職員の考えを聞いてみます。また管理者からも要因について解説します。 ● 職員と、前回の目標に対する評価を確認します。 ● 面談にあたり作成したチェックシートなどを、管理者と職員の両者で確認し、次の半年の目標を共有します。 ● 面談の最後に、悩みや、健康状態・家族関係に問題がないかどうかなどを確認して終了します（ただし、家族関係については非常に繊細な話題です。無理に尋ねる必要はありません。また、家族というと創設家族を思い浮かべる傾向にありますが、生育家族も視座に含まれているか確認します）。
面談後	● 面談の終了後、その面談の振り返りを行います。過不足があった場合は、職員にそのことを素直に伝えます。また、職員に気になる様子がみられた場合は、チェックシートなどに記載しておきます。 ● 職員が悩みなどを抱えていて、フォローが必要な場合は、こまめに声をかけていきます。 ● 面談を終了したときから、次回の面接への準備が始まります。

3 ケアマネジメント技術の確認

　居宅介護支援事業所の職員がケアマネジメントを展開するうえで求められる知識や技術、業務範囲に対する理解などに、本来はばらつきがあってはなりません。また、運営基準を満たすことができない場合には、報酬返還なども生じます。

　管理者は、職員のケアマネジメント技術と運営基準についても確認する必要があります。これも、賞与の支給、昇給の少し前に行い、評価に反映できるようにしておきます。

　その方法の一つが、職員が担当している利用者の記録などの確認です。職員ごと、利用者ごとに、居宅サービス計画などをファイルに綴じておきます。すべてのファイルを確認しなくとも、職員の傾向をつかめるようになります。例えば、医療面のアセスメントに苦手意識がある、利用者の経済状況について情報が収集されていない、などです。利用者が変わっても、その職員の傾向は変わりません。

　利用者のファイルは、例えば、次のような目安をあらかじめつくっておくなどして、抽出します。

● 過去半年間で新規契約を結んだ利用者

● 職員の半期目標に関係のある利用者（脳梗塞後で片麻痺が残った利用者、医療依存度の高い利用者、障害者総合支援法にもとづく障害福祉サービスを利用している利用者など）

● 事業所の事例検討会等で取り上げた利用者（検討会で取り上げた後の経緯を確認することで、効果的な検討会が行われたのかどうか、事例検討会そのものに対する評価にもつながります）

　また、職員同士で確認する事業所もあります。職員同士の気づきにつなげられるとともに、同じ事業所で働くほかの職員の工夫などを学び合うことができます。この場合、例えば、経験年数の長い職員と、経験年数の浅い職員とを組み合わせるなど、明確なねらい（経験の浅い職員の学びにつなげる）をもって行うことが大切です。

50

② 食事会の開催など

　これを管理者の業務と位置づけるのかどうかは賛否のあることでしょう。義務としてしまうと、管理者、職員の双方が負担感を覚えてしまうかもしれません。しかし、事業所の円滑な人間関係をつくりあげるには、大切な要素の一つです。一度に全員でなくても構いません。1名ずつ実施したり、3名のグループで複数回に分けて行う事業所もあります。半年に一度が、その頻度の目安と考えられますが、職員の負担にならないようにします。なお、感染症の予防に配慮する必要があります。

　法人（事業所）がその費用を負担する場合もあります。また、家族も参加できる食事会を定期的に開催している事業所もあります。職員同士の交流を深める機会になるとともに、ふだんみられない一面が垣間みえることもあります。プライベートの時間に職場の人に会うことに否定的な職員もいるかもしれませんが、なるべく多くの職員が楽しめるレクリエーションを企画してもよいでしょう。

　事業所には、おいしいレストランをよく知っている職員やハイキングが好きな職員がいるかもしれません。彼ら・彼女らに幹事を任せて、例えば、利酒の会、ハイキングを兼ねる食事会などを企画してもよいでしょう。事業所が一つのチームとして機能するには、職を離れて互いを知る時間も必要です。事業所では、入職したばかりのころは当然、互いが初めて会う者同士である職員が徐々に相互理解を深め一つのチームとなることが求められます。互いの得手不得手を理解し、有機的に機能するチームを目指します。

③ 大掃除

　日常の清掃は清掃業者が行う事業所もあれば、職員が行う事業所もあります。半年に一度程度は、自分たちの働く環境を整理したいものです。特に、利用者のファイルを保管しているロッカーなどの整理は職員がそろっているときに行いましょう。

　一定のルールを作成し、必要な資料などがすぐに閲覧できるよう、効率のよい職場環境を職員と一緒につくります。半日程度で構いませんので、職員全員が参加する機会を設け、職場環境を向上させます。特定の職員に負担が偏らないようにローテーションで行うなどの工夫が必要です。

4 特定事業所集中減算にかかる届出の作成

　特定事業所集中減算にかかる届出は、半年単位で行う、管理者の"仕事"の一つです。なお、ほかの資料の作成、届出についても同じことがいえますが、管理者がはじめから終わりまですべてを行う必要はありません。管理者候補、計算処理を得意とする職員など、目的や特徴に合わせて依頼します。その業務を通じて、管理者は職員に仕事を割り振ることを学び、依頼された職員は、一時的にその負担が増えるものの、事業所運営に必要な手続きを学ぶことができます。

　なお、法人によっては、本部で作成し、管理者は完成したものを確認するという事業所もあります。管理者は、減算の対象にならないように、事業所の現状を把握し、必要に応じて対策を講じます。

① 特定事業所集中減算

　特定事業所集中減算は、平成18年度の介護報酬改定によって創設されました。なお、同じときに、特定事業所加算も設けられています。

　居宅介護支援事業所は、毎年度２回、判定期間（表3-2）において作成された居宅サービス計画のうち、訪問介護等のサービスを位置づけた居宅サービス計画の数をそれぞれ算出し、それぞれ最も紹介件数の多い法人（紹介率最高法人）の名称等を記載した、特定事業所集中減算にかかる届出書（特定事業所集中減算判定票等）を作成することになっています。なお、特定事業所集中減算判定票等は２年間（保険者によっては５年間）保存しなければなりません。

　また、算定の結果、いずれかのサービスについて紹介率最高法人の割合が80％を超えた場合は、特定事業所集中減算判定票等を保険者に提出することとなっています。

　なお、正当な理由がないとき（保険者が正当な理由に該当しないと判断したときを含む）は、減算適用期間における居宅介護支援費のすべてについて、１月につき200単位を所定単位数から減算して請求することとなります。

表3-2　判定期間

	判定期間	提出期限	減算適用期間
前期	3月1日から8月31日	9月15日	10月1日から翌年3月31日まで
後期	9月1日から翌年2月28日	3月15日	4月1日から9月30日まで

② 算定要件

　正当な理由なく、事業所において前6か月間に作成されたケアプランに位置づけられた居宅サービスのうち、①訪問介護、②通所介護、③福祉用具貸与、④地域密着型通所介護について、特定の法人が運営する事業所によって提供されたものの占める割合が80％以上である場合に減算になります。

　ただし、事業所のケアプラン数が一定数以下である等の正当な理由がある場合を除きます。

③ 判定方法

⑴　事業所において判定期間に作成された居宅サービス計画のうち、①〜④が位置づけられた居宅サービス計画の数をそれぞれ算出します。

⑵　①〜④のそれぞれについて、最もその紹介件数の多い法人（紹介率最高法人）を位置づけた居宅サービス計画の数の占める割合を計算します。

⑶　①〜④のいずれかについて80％を超えた場合に減算します。

　割合が80％を超える場合、80％を超えた正当な理由がある場合は、その理由を市町村長に提出します。市町村長がその理由を不適当と判断した場合は特定事業所集中減算が適用されます。なお、「正当な理由」として考えられる理由が、次のように例示されています（表3-3）。

表3-3　正当な理由の範囲

①　居宅介護支援事業者の通常の事業の実施地域に訪問介護サービス等がサービスごとでみたときに5事業所未満であるなど、サービス事業所が少数である場合
　　例）訪問介護事業所として4事業所、通所介護事業所として10 事業所が所在する地域の場合は、訪問介護について紹介率最高法人を位置づけた割合が80％を超えても減算は適用されないが、通所介護について80％を超えた場合には減算が適用される。
　　例）訪問介護事業所として4事業所、通所介護事業所として4事業所が所在する地域の場合は、訪問介護及び通所介護それぞれについて紹介率最高法人を位置づけた割合が80％を超えた場合でも減算は適用されない。
②　特別地域居宅介護支援加算を受けている事業者である場合
③　判定期間の1か月あたりの平均居宅サービス計画件数が20件以下であるなど事業所が小規模である場合

④ 判定期間の1か月あたりの居宅サービス計画のうち、それぞれのサービスが位置づけられた計画件数が1か月あたり平均10件以下であるなど、サービスの利用が少数である場合

　　例）訪問介護が位置づけられた計画件数が1か月あたり平均5件、通所介護が位置づけられた計画件数が1か月あたり平均20件の場合は、訪問介護について紹介率最高法人を位置づけた割合が80%を超えても減算は適用されないが、通所介護について80%を超えた場合には減算が適用される。

⑤ サービスの質が高いことによる利用者の希望を勘案した場合などにより特定の事業者に集中していると認められる場合

　　例）利用者から質が高いことを理由に当該サービスを利用したい旨の理由書の提出を受けている場合であって、地域ケア会議等に当該利用者の居宅サービス計画を提出し、支援内容についての意見・助言を受けているもの

⑥ その他正当な理由と市町村長が認めた場合

5 まとめ

　半年単位で行う、管理者の業務を整理しました。管理者に求められる業務には、運営基準上、必要なものと事業所をよりよいものにするためのものがあります。地域によっては、独自の取り組みを実践している事業所もあると思います。それらを発信し、地域のほかの事業所とも共有して地域を盛り上げていきたいものです。

　半年という期間は、時間があるようで、実際にはあっという間に過ぎていきます。事業所のすべての職員が見られるカレンダーやリマインダーを活用してスケジュールを共有していきましょう。

1か月単位で行う管理者の
"仕事"

1 会議を開催する

1 会議の目的

　会議を開催する目的は、利用者の情報やサービス提供上の留意事項などを伝達するためです。

　利用者は、介護支援専門員個人と契約をしているのではなく、居宅介護支援事業所と契約をしています。したがって、事業所として、利用者に関する情報を職員の間で共有することが大切です。

　また、国から発出される法令や通知、事務連絡、保険者から出される案内などを職員に周知する必要があります。サービスの提供や介護報酬の算定にあたっては、法令のほかに、いわゆる解釈通知や留意事項通知の理解が求められます。事業所における会議などを通じ、それらの内容を職員に伝達するとともに、職員の理解を促します。

　特に、特定事業所加算の算定にあたっては、利用者に関する情報やサービス提供上の留意事項などの伝達を目的とした会議を「定期的に開催」する必要があります。なお、「定期的」とは、おおむね週1回以上であることとされています。

　また、議題については少なくとも次のような内容を含めることとされています（表4-1）。

表4-1　特定事業所加算の算定にかかる会議で取り扱う議題

- 現に抱える処遇困難ケースについての具体的な処遇方針
- 過去に取り扱ったケースについての問題点及びその改善方策
- 地域における事業者や活用できる社会資源の状況
- 保健医療及び福祉に関する諸制度
- ケアマネジメントに関する技術
- 利用者からの苦情があった場合は、その内容及び改善方針
- その他必要な事項

2 ▶ 会議の開催方法の工夫

　特定事業所加算の算定にあたっては、おおむね週1回以上の会議の開催が求められていますが、加算の算定にかかわらず、事業所で、定期的に会議を開催する機会を設けます。2週間から1か月に1回程度が一般的でしょう。

① 会議を開催する日にち・時間などを固定化する

　会議の予定されていた日に、急な訪問が必要になって、会議に参加できない職員がいるということが重なると、会議の目的があいまいになり、会議の開催そのものが形骸化してしまいます。例えば、その月の「第○週の水曜日の10時から」と、あらかじめ、会議を開催する曜日と時間を固定し、事業所の介護支援専門員全員が出席できるように、事業所のルールとして周知する必要があります。

　利用者の状況などによって、どうしても会議を欠席せざるを得ない介護支援専門員には、会議の後、検討された内容や決定事項をしっかりと伝達します。そのためにもわかりやすい記録を残すことが大切です。

　研修や事例検討会の報告など、通常より時間をかける必要がある場合などは、定期的に開催する会議以外にその機会をつくることも必要でしょう。

　また、毎日短い時間で申し送りを行うなど、定期的な会議をより充実させるための工夫を考えます。

② 会議での役割分担を明確にする

　会議では、「司会」や「記録」などの役割を参加者でもち回りにするとよいでしょう。管理者が議事を進行し、記録もするといった状況は避け、会議ごとに役割を決めるなどし、参加者が同じ意識をもって会議に参加するようにします。

③ あらかじめフォーマットを作成し、議事録を残す

　議事録には、「内容」「日付」「出席者」「司会」「記録」「特定事業所加算算定要件の該当項目」を明記するとわかりやすいものになります。あらかじめフォーマットを作成したうえで、毎回、議事録を作成しましょう。なお、記録は2年間（保険者によって異なる）保存する必要があります（図4-1）。

図4-1 議事録の例

会 議 録 ○○○ 居宅介護支援事業所

日　時：令和　　年　　月　　日（　）　　　　　○○：○○～○○：○○

出席者：　　　　　　　　　　　　　　　記録：

議　題：
☒　①　現に抱える処遇困難ケースについての具体的な処遇方針
☐　②　過去に取り扱ったケースについての問題点及びその改善方策
☐　③　地域における事業者や活用できる社会資源状況
☒　④　保健医療及び福祉に関する諸制度
☒　⑤　ケアマネジメントに関する技術
☐　⑥　苦情内容及び改善方針
☐　⑦　担当ケースの報告
☒　⑧　新規ケース・区分変更ケース報告
☐　⑨　地域ケア会議・研修報告
☐　⑩　その他

内　容

例）

①⑦○○氏　腹痛のため緊急で○月○日△△病院へ入院し、大腸がんの診断。人工
　　肛門を造設し、2週間後に退院予定。訪問看護を導入予定。
　　→　退院に向けたはやめの連携として、△△病院の連携室の担当を確認して
　　　　おく

⑧　○○○氏　82歳男性　要介護3　3か月前に自宅で転倒し、右大腿骨頸部骨に
　　て手術後現在は○○リハビリ病院にてリハビリ中。来週退院予定とのことで
　　自宅の環境整備から介入していく予定。MSWは、○○○氏が妻と2人暮らし
　　であるため、介護力を心配されている。
　　　　担当ケアマネ　○○○

④　保険者より通知があり事業所内で周知
　　　熱中症予防のためのチラシを利用者にモニタリングの際に配布することにす
　　る。訪問時にも声をかけ環境について確認すること。

⑤　経過記録の書き方について確認
　　　要点がわかりやすく、誰がみてもわかる記録のまとめ方について学習
　　　他者の記録を読んで、それぞれの特徴について話し合う。自分だけがわかる
　　　記録では伝わらない。5W1Hを意識して記録する。

④ 議事録は、議事のポイントがわかるように整理する。議事録を回覧する

　記録者は、会議に参加できなかった職員が読んだだけで、会議で検討された内容のポイントや決定事項が伝わるように整理することを心がけます。議事録の作成は、担当する利用者の居宅介護支援経過の記録のしかたにもつながります。例えば、会議の後に議事録を回覧して、出席した会議の内容がどのようにまとめられているか、参加者それぞれが確認できるようにすることで、それまで気づかなかった表現のしかたや、まとめ方などが共有できるようになります。参加者が全員でつくり上げていくようにすることもよいかもしれません。

　なお、管理者は、作成された議事録などには必ず目を通し、確認印などを捺印しておくようにするとよいでしょう。

⑤ 月ごとに会議の開催状況がわかるインデックスを作成する

　会議の開催状況がわかるようなインデックスを作成するなど、後で容易に振り返りができるよう整理することも大切です。振り返りによって、会議の内容に偏りがないかどうか、事業所の弱いところや課題をみつけやすくなります。その後の業務を考えるうえで有効な資料になります。

　なお、地域ケア会議の報告などもわかるようにまとめておきましょう。

⑥ 研修会の報告には資料も添付しておく

　研修会のテーマや項目だけでなく、どのような内容であったのか、参加しなかった職員がみても再学習できるように記録や資料などを一緒にファイリングしておきましょう。

　振り返りや再学習したいときにも重要になります。

2　事例検討会を開催する

1　事例検討会の目的

　事例検討会の目的は、事例を通して、他者の意見や考え方を知り、自分の実践を振り返り、内省し、自分の実践へ活かしてケアマネジメントの質の向上につなげていくことです。

「事例検討会」といっても、事業所などで行うカンファレンス的なものと、主任介護支援専門員等がスーパーバイザーとなり、グループスーパービジョンを目的として行うスーパービジョン的なものとに分かれます。

また、地域包括支援センターが行う地域ケア会議などは、個別ケースの課題分析等を通じて地域課題を発見し、地域に必要な資源の開発や地域づくり、さらには介護保険事業計画への反映などの政策形成につなげることを目指すものです。

いずれも、個別ケースの支援内容を検討し、高齢者の課題解決を支援するとともに、介護支援専門員の、自立支援に資するケアマネジメントの実践力の向上につながっています。

「事例検討会」が、どのような目的をもって開催されるのか理解し企画・参画していくことが大切です。

2　事業所で事例検討会を開催する

ケアマネジャーがその生活を支える利用者は、身体状況も、その人を取り巻く環境も、抱えている課題も、まさにそれぞれです。ケアマネジメントの質を高めるには、数多くの経験を重ねることが必要になる一方、一人の介護支援専門員が支援できる利用者の数には限りがあります。

事例検討会を通じ、自身以外の介護支援専門員が担当した事例を追体験することで、実際に経験するのと同じような学びを得ることができます。また、その事例を通じて得た知識を、自身が担当する支援に応用することも可能です。

また、自身が事例の提供者になれば、講師や参加者の助言などを通して多くの「気づき」を与えられ、自らのケアマネジメント業務に対して抱いている不安を小さくしたり、支援のヒントを得られたりするかもしれません。

事例を検討するということは、介護支援専門員にとり、自身のケアマネジメントを振り返り、自らの取り組みを評価することです。専門職として、きわめて大切な姿勢といえます。管理者として、事業所で取り組んでください。

○ 事例検討会のメリットを明らかにする

　事例検討会の開催を検討するにあたり、そのメリットを明らかにして、職員と共有します。

　事例検討会は、自身以外の、または自身の事例検討を通じて、その支援を振り返り、ケアマネジメントの考え方やそのプロセスを確認するとともに、地域にある社会資源の共有にもつながります。また、職員それぞれのケアマネジメント能力や熟練度などを評価する機会でもあります。

○ 事業所として支援方針を確立しておく

　事例検討会を通じて、事業所の方針、支援の方向性や考え方などを明らかにすることができます。事業所の理念（ビジョン）を周知し、共有する機会になります。

○ 事例検討会ごとにテーマを明確にする

　事例提供者が、その事例検討会で検討してもらいたい課題をあらかじめ明らかにしておきます。事前に事例提供者と管理者とでテーマを設定しておくとよいでしょう。

　テーマの設定にあたっては、利用者の生活の質（QOL）の向上につながる支援策を具体的に立案することを考えます。また、事例提供者が困難に感じている背景をひも解く作業が課題になってくるかもしれません。

　支援策の検討にあたっては、事例提供者が直面する課題や問題について見通しを立てることを考えます。

○ 事例提供者に共感する姿勢をもつ

　実際の事例検討会では、困難さや不安、行きづまりを抱えている事例提供者に対して、実践者として共感する姿勢をもってのぞむよう、職員に周知しておきます。事例提供者が事例をまとめ提供することに、ほかの職員が自然と敬意を払うような事業所の雰囲気づくりを心掛けたいものです。

○ ルールをつくり、案内する

　事例検討会の開催にあたり、事業所で、例えば、次のようなルールを決めておきます（表4-2）。

　事例提供者が安心して、事例検討会にのぞむことができるように配慮します。

表4-2　事例検討会のルール（例）
● 自分の課題として主体的に参加する
● ほかの人の意見は否定せずに傾聴し、互いの意見を尊重する姿勢で参加する
● 事例に登場する人に最大限の敬意を払う
● 全員が時間の管理の意識をもち、終了予定時刻を守る
● 上下関係をもち込まず、自由に発言できる雰囲気をつくる
● 経験や手だてをおしつけるのではなく、ともに考える姿勢をもつ

○ 環境を工夫する

　会議室を用意するなど、集中して事例検討会ができる場を設けます。事務所が狭く、会議室がない場合は、事業所以外の場所を借りたり、ふだんデスクワークを行う場所以外のスペースを確保するなどの工夫を考えます。また、可能であれば、ファシリテーターや新人職員などの座る位置にも配慮します。

　支援の経過や利用者の情報を共有するため、ホワイトボードや模造紙を活用します。

　また、検討内容によっては多職種で行うこともよいでしょう（支援者や専門職に参加を依頼してみる）。

○ 役割を決め、事前の準備を整える

　事前に事例提供者とファシリテーターを決めます。

　また、事例の提出にあたり、その概要をまとめ、参加者に配布できるようにします。そのほか、アセスメント表や居宅サービス計画書、サービス担当者会議の要点、居宅介護支援経過記録等が閲覧できるように準備するとよいでしょう。

○ タイムスケジュールを、事前に参加者に周知する

　時間配分を事前に決めておき、ファシリテーターも参加者も意識できるようにします。

- サービス計画書の作成
- サービス利用票の作成と利用者への交付
- モニタリング訪問
- サービス調整
- サービス担当者会議の開催・記録（新規・更新・区分変更・状態変化）
- 入退院時の医療連携シートへの確認
- 経過記録表記入
- ケアプランに位置づけたサービス事業所が作成した計画書及びモニタリング報告
- 翌月のサービス提供票の作成と交付

◯ 新規利用者のケアマネジメントプロセスを確認する（区分変更・更新もできれば行う）

アセスメント、居宅サービス計画書、サービス担当者会議などについて、不備がないかどうか職員とともに確認します。

◯ ケアマネジメントの質が担保されているかどうか確認する

利用者の尊厳が守られているかどうか、利用者の自立に向けた内容になっているかどうか、緊急時の対応が考えられているケアプランになっているかどうか確認します。

◯ 職員が提出した研修会の報告書などを確認する（OFF-JTなど）

研修の参加予定や目標の達成状況などを記入しているシートを職員とともに確認します。また、年間目標管理シートなどを職員が意識するようはたらきかけ、地域ケア会議などに職員が出席した場合にはその内容などを報告するよううながします。

◯ 苦情処理や事故報告書を確認する

当月内に苦情があった場合には、その内容や対応を、定められた書式にまとめておきます。事故があった場合も同様です。それらは、会議などを通じて、職員と共有します。

| 図4-3 | ケアマネジメント・スーパービジョンのモデルを構成する要因 | |

大項目	中項目	小項目
1） スーパービジョン実践状況	①ケアマネジメントSVにおける支持的機能	i) 日ごろの様子を確認する ii) 利用者や家族への対応状況を確認する iii) スーパーバイジーの成長を支える iv) 適切なスーパービジョン関係の構築
	②ケアマネジメント・スーパービジョンにおける教育的機能	i) ケアマネジメントの目的と価値 ii) ケアマネジメント過程の支援 iii) スーパーバイジーが抱えるコミュニケーションの課題への対応 iv) 特殊な問題への対応
	③ケアマネジメントSVにおける管理的機能	i) 業務上の課題への対応 ii) 評価の支援
2） スーパーバイジーが抱える課題	①基本的な姿勢についての課題	i) 利用者との関係構築困難 ii) 業務への不安と戸惑い iii) 振り返りと将来展望の課題
	②ケアマネジメントの質の課題	i) 利用者とのコミュニケーションの課題 ii) 方向が見えないことの課題
	③基本的な業務の課題	i) アセスメントの課題 ii) プランニングの課題 iii) カンファレンスの課題 iv) モニタリングの課題
	④関係者との連携の課題	i) 情報共有の課題 ii) 関係者との連絡調整の課題
3） スーパーバイザーが抱える課題	①スーパービジョン関係の構築が困難	i) 信頼関係の構築困難 ii) 関係を一面的に捉えてしまう可能性
	②スーパービジョン実践方法に不安	i) スーパービジョンについての知識・技術の不足 ii) スーパーバイジーの成長を支えることの困難さ
4） スーパービジョン環境の課題	①研修システム	・職場内の研修システムが整備されていない
	②スーパービジョンの意義の理解	・職場内でスーパービジョンの意義と価値が認められていない
	③職場の風土	・職場の風土がスーパービジョンの成果を損なう

出典：野村豊子・汲田千賀子・照井孫久編著『高齢者ケアにおけるスーパービジョン実践—スーパーバイジー・スーパーバイザーの育成のために』ワールドプランニング、2019年、106ページ

4 介護給付費等の算定にかかる体制等を確認する（届ける）

　特定事業所加算を算定している事業所は、毎月末までに「居宅介護支援における特定事業所加算に係る基準の遵守状況に関する記録」（図4-4）を作成し、2年間保存しておく必要があります。

　また、市町村長から求めがあった場合は、提出しなければなりません。加算の要件を満たさなくなった場合は、その届出が必要です。

| 図4-4 | 居宅介護支援における特定事業所加算に係る基準の遵守状況に関する記録 |

居宅介護支援における特定事業所加算に係る
基準の遵守状況に関する記録（保存用）

　　　年　　　月 サービス提供分

| 区　分 | 1　新規　　　　2　継続　　　　3　廃止 |

1　主任介護支援専門員の状況　イ（1）・ロ（2）・ハ（2）関係　　　　　　　　【加算Ⅰ・Ⅱ・Ⅲ】

①主任介護支援専門員氏名	
①主任介護支援専門員研修 　修了年月日	年　　　　月　　　　日
②主任介護支援専門員氏名	
②主任介護支援専門員研修 　修了年月日	年　　　　月　　　　日

←加算Ⅰの場合のみ
　2名必要
　加算Ⅱ・Ⅲの場合、
　2人目は記入不要

2　介護支援専門員の状況　イ（2）・ハ（3）関係　　　　　　　　　　　　　　【加算Ⅰ・Ⅱ・Ⅲ】

介護支援 専門員数		人	内訳	常勤	専従　　　　人	非常勤	専従　　　　人
					兼務　　　　人		兼務　　　　人

※主任介護支援専門員を含めない。
　「従業者の勤務の体制及び勤務形態一覧表」及び介護支援専門員の名簿（介護支援専門員の登録番号を記載したもの）を添付すること。

3 イ（3）関係

利用者に関する情報又はサービス提供に当たっての留意事項に係る伝達等を目的とした会議をおおむね週1回以上開催している。	有 ・ 無
開催年月日	

※「有」の場合には、開催記録を添付すること。記録は2年間保存しなければならない。
　議題については、「指定居宅サービスに要する費用の額の算定に関する基準及び指定居宅介護支援に要する費用の額の算定に関する基準の制定に伴う実施上の留意事項について」（平成12年3月1日老企第36号）第三の11（3）③に沿った議事を含めること。

4 イ（4）関係

【加算Ⅰ・Ⅱ・Ⅲ】

24時間常時連絡できる体制を確保し、かつ、必要に応じて利用者等の相談に対応する体制を確保している。	有 ・ 無
具体的な方法	

※「有」の場合には、具体的な体制を示した書類の添付でも可とする。

5 利用者の状況（報告月の状況）

（1）要介護3〜5の割合　イ（5）関係

【加算Ⅰ】

利用者数（合計）	要介護1	要介護2	要介護3	要介護4	要介護5	要介護3〜5の割合
人	人	人	人	人	人	％

（2）介護支援専門員1人あたりの利用者数　イ（10）関係

【加算Ⅰ・Ⅱ・Ⅲ】

利用者数（A）	人	介護支援専門員数（B）（常勤換算）	人	1人あたり利用者数（A）÷（B）	人

※利用者数（A）は、介護予防支援に係る利用者数に、2分の1を乗じた数を含む。

6 イ（6）関係

【加算Ⅰ・Ⅱ・Ⅲ】

介護支援専門員に対し、計画的に研修を実施している。	有 ・ 無

※「有」の場合には、研修の実施計画及び実施状況を示した書面を添付すること。

7 地域包括支援センター等との連携について　イ（7）・（8）関係

（1）（地域包括支援センターから支援困難な利用者の紹介があった場合）当該利用者に居宅介護支援の提供を開始した。	有　・　無 開始件数　：　　　　　件
（2）地域包括支援センターから支援困難な利用者の紹介があった場合には、引き受けられる体制を整えている。	有　・　無 具体的な体制：
（3）（地域包括支援センター等が開催する事例検討会等がある場合）当該事例検討会等に参加した。	有　・　無 参加年月日：

8 減算の適用について　イ（9）関係

（1）運営基準減算が適用されている。	有　・　無
（2）特定事業所集中減算が適用されている。 ※「居宅介護支援における特定事業所集中減算チェックシート」にて確認すること。	有　・　無

9 実習の受入れについて

介護支援専門員実務研修の科目「ケアマネジメントの基礎技術に関する実習」に協力又は協力体制を確保している。	有　・　無

10 地域のケアマネジメント機能を向上させる取組について

他の法人が運営する指定居宅介護支援事業者等と共同で事例検討会、研修会を実施している。	有　・　無

4

1か月単位で行う管理者の"仕事"

5 介護給付費明細書及び給付管理票を確認する

　介護支援専門員は毎月、サービス利用票、サービス提供票に示したサービスが利用者に滞りなく提供されたかどうか、それぞれのサービス提供実績報告を通じて確認しています。介護支援専門員が前月の担当利用者の実績を確認し、事業所としてまとめて毎月1日〜10日までの間に国民健康保険団体連合会（国保連）へ提出します。

　事業所単位でまとめるため、管理者が行う事業所が多いでしょう。事業所によっては請求事務を担当する職員がいる場合もあります。加算については、担当している介護支援専門員とともに、管理者も確認する必要があるでしょう。

○ 介護給付費請求書、居宅介護支援介護給付費明細書、給付管理票を作成する

　請求業務では、居宅介護支援介護給付費明細書のほかに、給付管理票を作成し、国保連へ提出する必要があります。国保連は居宅支援事業所から提出された給付管理票と、サービス提供事業者から提出された介護給付費明細書の突合審査を行ってからそれぞれの事業所へ支払いをします。

　したがって、給付管理票の内容に不備があったり、サービス事業所が作成する介護給付費明細書の内容と異なっていたりすると、本来サービス事業所へ支払われるはずの報酬が支払われないおそれもあり、大切な業務の一つです。

　その月以前の要介護認定の更新等による月後れ請求等について、請求漏れがないかどうか確認します。

○ 給付管理票及び給付管理票総括票を作成する

　それぞれのサービス事業所から実績を受け取り、サービス提供票どおりに実施されていない場合はその理由を確認します。

図4-5　様式第七（附則第二条関係）居宅介護支援介護給付費明細書

様式第七（附則第二条関係）

居宅介護支援介護給付費明細書

令和　　　　年　　　　月分

保険者番号

公費負担者番号

居宅介護支援事業者	事業所番号		所在地	〒　　　－
	事業所名称		連絡先	電話番号
			単位数単価	（円／単位）

項番	被保険者	被保険者番号		（フリガナ）氏名			性別	1. 男　2. 女
		公費受給者番号						
		生年月日	1. 明治　2. 大正　3. 昭和　　年　　月　　日	要介護状態区分	要介護1・2・3・4・5	認定有効期間	1. 平成 2. 令和　年　月　日から／令和　年　月　日まで
		担当介護支援専門員番号		サービス計画作成依頼届出年月日	1. 平成 2. 令和　年　月　日			

給付費明細欄	サービス内容	サービスコード	単位数	回数	サービス単位数	摘要	サービス単位数合計
							請求額合計

項番	被保険者	被保険者番号		（フリガナ）氏名			性別	1. 男　2. 女
		公費受給者番号						
		生年月日	1. 明治　2. 大正　3. 昭和　　年　　月　　日	要介護状態区分	要介護1・2・3・4・5	認定有効期間	1. 平成 2. 令和　年　月　日から／令和　年　月　日まで
		担当介護支援専門員番号		サービス計画作成依頼届出年月日	1. 平成 2. 令和　年　月　日			

給付費明細欄	サービス内容	サービスコード	単位数	回数	サービス単位数	摘要	サービス単位数合計
							請求額合計

図4-6　様式第一（附則第二条関係）介護給付費請求書

様式第一（附則第二条関係）

介護給付費請求書

| 令和 | | | 年 | | | 月分 |

| 事業所番号 | | | | | | | | | |

保　険　者

（別　記）殿

下記のとおり請求します。　　　　令和　　年　　月　　日

請求事業所	名　称	
所在地	〒　｜　－　｜　｜　｜
連絡先	

保険請求

区　分	サービス費用						特定入所者介護サービス費等				
	件　数	単位数・点数	費用合計	保険請求額	公費請求額	利用者負担	件　数	費用合計	利用者負担	公費請求額	保険請求額
居宅・施設サービス 介護予防サービス 地域密着型サービス等											
居宅介護支援・ 介護予防支援											
合　計											

公費請求

区　分		サービス費用				特定入所者介護サービス費等		
		件　数	単位数・点数	費用合計	公費請求額	件　数	費用合計	公費請求額
12	生　保 居宅・施設サービス 介護予防サービス 地域密着型サービス等							
	生　保 居宅介護支援・ 介護予防支援							
10	感染症　37条の2							
21	障自・通院医療							
15	障自・更生医療							
19	原爆・一般							
54	難病法							
51	特定疾患等 治療研究							
81	被爆者助成							
86	被爆体験者							
87	有機ヒ素・緊急措置							
88	水俣病総合対策 メチル水銀							
66	石綿・救済措置							
58	障害者・支援措置 （全額免除）							
25	中国残留邦人等							
合　計								

図4-7 様式第十一（附則第二条関係）給付管理票

様式第十一（附則第二条関係）

給付管理票（令和　　年　　月分）

保険者番号	保険者名

被保険者番号	被保険者氏名
	フリガナ

生年月日	性別	要支援・要介護状態区分等
明・大・昭　　年　　月　　日	男・女	事業対象者　要支援1・2 要介護1・2・3・4・5

居宅サービス・介護予防サービス・ 総合事業 支給限度基準額	限度額適用期間
単位／月	1.平成 2.令和　　年　月　～　令和　　年　月

作成区分
1. 居宅介護支援事業者作成 2. 被保険者自己作成 3. 介護予防支援事業者・地域包括支援センター作成
居宅介護／介護予防 支援事業所番号
担当介護支援専門員番号
居宅介護／介護予防 支援事業者の事業所名
支援事業者の 事業所所在地及び連絡先
委託した場合　委託先の支援事業所番号
介護支援専門員番号

居宅サービス・介護予防サービス・総合事業

サービス事業者の 事業所名	事業所番号 （県番号－事業所番号）	指定／基準該当／ 地域密着型 サービス／ 総合事業識別	サービス 種類名	サービス 種類コード	給付計画単位数
		指定・基準該当・ 地域密着・ 総合事業			
		指定・基準該当・ 地域密着・ 総合事業			
		指定・基準該当・ 地域密着・ 総合事業			
		指定・基準該当・ 地域密着・ 総合事業			
		指定・基準該当・ 地域密着・ 総合事業			
		指定・基準該当・ 地域密着・ 総合事業			
		指定・基準該当・ 地域密着・ 総合事業			
		指定・基準該当・ 地域密着・ 総合事業			
		指定・基準該当・ 地域密着・ 総合事業			
		指定・基準該当・ 地域密着・ 総合事業			
		指定・基準該当・ 地域密着・ 総合事業			
		指定・基準該当・ 地域密着・ 総合事業			
		指定・基準該当・ 地域密着・ 総合事業			
		指定・基準該当・ 地域密着・ 総合事業			
		指定・基準該当・ 地域密着・ 総合事業			
			合　計		

図4-8　給付管理票総括票

給付管理票総括票

令和　　　年　　　月提出分

作成区分	1. 居宅介護支援事業所作成 2. 自己作成（保険者番号：　　　　　　　） 3. 介護予防支援事業所作成	
居宅介護 支援事業所	事業所番号	
	事業所名	
	所在地連絡先	

他県分集計欄	訪問通所サービス給付管理票 居宅サービス給付管理票	新規分		枚	件
		修正分		枚	件
		取消分		枚	件
	短期入所サービス給付管理票	新規分		枚	件
		修正分		枚	件
		取消分		枚	件

自県分集計欄	訪問通所サービス給付管理票 居宅サービス給付管理票	新規分		枚	件
		修正分		枚	件
		取消分		枚	件
	短期入所サービス給付管理票	新規分		枚	件
		修正分		枚	件
		取消分		枚	件

6 ケアマネジメントプロセスに 必要な書類を確認する

　1か月の業務の流れをふまえ、必要な記録、書類が保存されているかどうか確認します。「指定居宅介護支援等の事業の人員及び運営に関する基準」（平成11年3月31日厚生省令第38号）第13条第6号（利用者の課題分析）から第12号（個別サービス計画の提出依頼）までの一連の業務は、基本的にそのプロセスに応じて進めるべきとされています。

　実地指導やケアプラン点検が数年に1度行われていますが、これにかかわらず、管理者として書類に不備がないか確認しておく必要があるでしょう。また、特定事業所加算の算定にあたっては、運営基準減算[*2]または特定事業所集中減算の適用を受けていないことが要件の一つです。

　日常業務において、運営基準減算にあたらないか、記載漏れがないかどうか、まずは

● 課題分析（アセスメント）
☐ 新規作成・変更の際にはアセスメントを実施している
☐ アセスメントは自宅で本人と面談して行っている
☐ 自宅でアセスメントが行えない場合「やむ得ない理由」の記載がある
● サービス担当者会議
☐ ケアプランの新規作成時に実施している
☐ 要介護更新認定・要介護状態区分変更認定の場合に実施している
☐ 本人・家族・サービス事業所等を招集している。不参加の場合の理由を記載している
☐ 開催できなかった場合「やむを得ない理由」を記載し、照会をまとめてサービス事業所に交付する
　● 末期の悪性腫瘍の利用者の心身の状況等により主治医等の意見を勘案して必要と認める場合
　● 開催日程調整を行ったが、サービス担当者の事由により、サービス担当者会議への参加が得られなかった場合
　● 居宅サービス計画の変更であって、利用者の状態に大きな変化がみられない等における軽微な変更の場合
● 居宅サービス計画書
☐ 居宅サービス計画書の原案について本人または家族に説明する
☐ 居宅サービス計画書について本人の同意を得ていることがわかる
☐ 居宅サービス計画書を交付する際には本人とサービス提供事業所へ交付していることがわかるように記録に残す

＊2　指定居宅介護支援等の事業の人員及び運営に関する基準（平成11年厚生省令第38号）第4条第2項並びに第13条第7号、第9号から第11号まで、第14号及び第15号（これらの規定を同条第16号において準用する場合を含む）に定める規定に適合していないこと。

4

1か月単位で行う管理者の"仕事"

● モニタリング
□　月に１回以上、利用者自宅を訪問し、本人と面接していることがわかる
□　月に１回以上、モニタリング結果を記載している
□　初回訪問の月でもモニタリングを行っている

職員が自ら確認し、そのうえで管理者が再度、確認することが望ましいでしょう。

7　勤怠管理を行う

　勤務表の作成は、管理者の基本的な業務の一つといえます。原則として月ごとの勤務表を作成します。介護支援専門員については、日々の勤務時間、常勤・非常勤の別、管理者との兼務関係等を明確にします。

　なお、勤務の状況などは、管理者が管理する必要があり、非常勤の介護支援専門員を含めて事業所の業務として一体的に管理されていることが求められます。

　勤務表の作成にあたっては、職員全員のバランスを考えつつ、それぞれの希望も聞きながら休暇を設定します。

参考文献

- 白澤政和『介護保険制度とケアマネジメント―創設20年に向けた検証と今後の展望』中央法規出版、2019年
- 一般社団法人日本ケアマネジメント学会認定ケアマネジャーの会監、白木裕子編『援助力を高める事例検討会―新人から主任ケアマネまで』中央法規出版、2018年
- 白木裕子『ケアマネジャー＠ワーク ケアマネジャー実践マニュアル』中央法規出版、2011年
- 一般社団法人日本ケアマネジメント学会認定ケアマネジャーの会監、白木裕子編『介護支援専門員実務研修 実習指導マニュアル』中央法規出版、2018年
- 野村豊子・汲田千賀子・照井孫久監『高齢者ケアにおけるスーパービジョン実践―スーパーバイジー・スーパーバイザーの育成のために』ワールドプランニング、2019年
- 一般社団法人日本社会福祉教育学校連盟監『ソーシャルワーク・スーパービジョン論』中央法規出版、2015年
- 渡部律子『ケアマネジャー＠ワーク「人間行動理解」で磨くケアマネジメント実践力』中央法規出版、2013年
- 渡部律子『高齢者援助における 相談面接の理論と実際 第2版』医歯薬出版、2011年
- 渡部律子編著『基礎から学ぶ 気づきの事例検討会―スーパーバイザーがいなくても実践力は高められる』中央法規出版、2007年
- 上原久『ケア会議の技術―事例理解の深め方』中央法規出版、2012年
- 白澤政和・岡田進一・川越正平・白木裕子・福富昌城編『介護支援専門員現任研修テキスト 第3巻 主任介護支援専門員研修 第2版』中央法規出版、2019年
- 白澤政和・岡田進一・川越正平・白木裕子・福富昌城編『介護支援専門員現任研修テキスト 第4巻 主任介護支援専門員更新研修 第2版』中央法規出版、2019年
- 後藤佳苗『改訂 法的根拠に基づくケアマネ実務ハンドブック―Q&Aでおさえる業務のツボ』中央法規出版、2018年
- 一般社団法人日本介護支援専門員協会「令和元年度老人保健健康増進等事業 居宅介護支援事業所における事業所内での人材育成に資する取組のあり方に関する調査研究事業　居宅介護支援事業所におけるケアマネジメント機能向上に資する事例検討会 実践に活かす手引き」2020年　令和元年度厚生労働省老人保健事業推進費等補助金

毎日の業務を通じて行う

管理者の"仕事"

訪問の日程調整からサービス担当者会議開催のためのスケジュールの調整、居宅サービス計画をはじめとするさまざまな帳票類の作成まで、職員は毎日、多忙な業務に追われていることと思います。

管理者は、職員の日々の仕事ぶりやふだんの様子を通じて、業務の進み具合のほか、利用者・家族、事業所のほかの職員との関係性、体調やメンタルヘルスなどに気を配る必要があります。直行・直帰の勤務スタイルが多い場合は、特に意識して管理者側からかかわることが大切です。業務日報などを通じて、職員の1日の動きなどを客観的に把握することも手段の一つです。

1 職員の利用者に対するかかわり方をみる

介護支援専門員には、担当している利用者の抱える課題に対し、自ら考え、関係者と調整し解決策を考える能力が求められます。

しかし、特に経験の浅い職員の場合、自らが適切なケアマネジメントを展開しているかどうか不安を感じているはずです。例えば、次のようなポイントについて、ふだんから、職員の様子を気にかけることが大切です。

- 利用者や家族と接する際、ふさわしい言葉を用いているか、適切な態度をとっているかどうか
- 利用者や家族とのコミュニケーションに問題を抱えていないかどうか
- 利用者や家族の思い、要望をどのようにとらえているか
- 利用者の疾患等について、どのように理解し、その変化やリスクについてどのようにとらえているか
- 他職種と適切に連携しているかどうか
- サービスの調整に困っていないか
- 地域の社会資源について知識があるか
- 基本的な業務に課題を抱えていないかどうか
- 課題を解決し、達成感を得たことがあるかどうか
- 利用者や家族とともに生活の楽しみを共有しているかどうか

また、職員の課題や困りごとだけでなく、できたこと、達成感や充実感を覚えたこと

などとも職員と共有しましょう。

　介護支援専門員は、利用者及び家族の思いや要望などを聞き、サービス提供事業所の担当者との連絡調整を担います。

　利用者や家族の要求が必ずしも適切なものではないと判断される場合でも、相手を否定するのではなく、その思いや気持ちを十分に受け止めながら、丁寧に説明する必要があります。

　また、サービス提供事業所の専門性にもとづく役割を理解したうえで、提供するサービスが、利用者・家族の意向や目標に沿うものになるよう、丁寧に調整することが必要になります。

② 職員の体調や様子に心を配る

　介護支援専門員は対人援助職として、自身の価値観や偏りに気づき、自己覚知を深めていくことが大切とされています。自己覚知に、知識と技術を兼ね備えたうえで、利用者や家族の価値観を理解しようとする姿勢が信頼関係を構築していくことになります。その信頼関係のうえに、利用者の生活を支えるという、介護支援専門員としての役割があります。

　ただし、利用者の抱える課題にはさまざまな要因が絡み合っています。利用者一人ひとりの状況をふまえて、その生活を支えるという業務は、身体的にも精神的にも職員に非常に大きな負担を強いることになります。「自分の支援はこれでよいのか」「もっとよい方法があるのではないか」「ほかの人であればもっとうまく支援できるのではないか」と考える職員もいるでしょう。

　一方、介護支援専門員にも自身の家庭や生活があり、仕事以外にも悩みや課題を抱えている場合もあるでしょう。子どもが受験を控えていたり、病気の家族がいたり、プライベートでストレスを抱えている場合があることを、管理者は理解しておく必要があります。

　介護支援専門員の職業性ストレスおよびバーンアウト、離職意図における職場環境の影響を検討した研究[1]では、上司の支援がバーンアウトや離・転職意図に影響がある可能性があるとしています。

　あいさつをする、表情の変化などを気にして声をかけるなど、毎日の些細なかかわり

＊1　細羽竜也「介護支援専門員の職業性ストレスに及ぼす職場環境の影響」『人間と科学：県立広島大学保健福祉学部誌』第11巻第1号、2011年、41ページ

によって、「自分をみてもらえている」という職員の安心感につながります。

　一方で、うかない表情をしていても自身から相談してくるのを待ったほうがよい職員もいるでしょう。

　管理者としてそれぞれの職員の特性も考慮しながら対応を考えていく必要があります。

参考文献

● 渡部律子『基礎から学ぶ 気づきの事例検討会―スーパーバイザーがいなくても実践力は高められる』中央法規出版、2007年
● 白澤政和、岡田進一、川越正平、白木裕子、福富昌城編『介護支援専門員現任研修テキスト 第3巻 主任介護支援専門員研修 第2版』中央法規出版、2019年

法令で定められている

管理者の"仕事"

1 法令に定められている管理者の仕事

　本章では、法令に定められている管理者の仕事について説明します。具体的には、「指定居宅介護支援等の事業の人員及び運営に関する基準」（平成11年3月31日厚生省令第38号）に規定されている次の7つの業務について解説します。

① 重要事項説明書を用意する（基準第4条）

② 運営規程を定める（基準第18条）

③ 勤務体制を定め、勤務状況を管理する（基準第19条、解釈通知第二・3・⑿）

④ 従業者の健康を管理する（基準第21条）

⑤ 苦情処理のしくみをつくる、苦情に対応する（基準第26条）

⑥ 事故対応のしくみをつくる（基準第27条）

⑦ 記録の整備・保存のしくみをつくる（基準第29条）

　それぞれの項目とも、「指定居宅介護支援等の事業の人員及び運営に関する基準」（基準）に定められている業務について、その規定を紹介したのち、留意点などを解説します。

2 基準の性格

　具体的に規定を紹介する前に、基準の性格を解説します。

　基準は、居宅介護支援の事業がその目的を達成するために必要な最低限度の基準を定めたものとされています。事業者は、常にその事業の運営の向上に努めなければなりません。

　また、基準を満たさない場合は、事業者の指定・更新は受けられません。また、基準に違反することが明らかになった場合には、①勧告、②公表、③命令といった措置[*1]がとられます。

　③の命令に従わない場合には、指定の取り消し、または指定の全部もしくは一部の効力の停止（不適正なサービスが行われていることが判明した場合、サービスに関する介護報酬の請求を停止させること）ができます。

　基準に違反すると、指定の取り消しにつながります。管理者として基準をふまえた事

---

*1　具体的には、①相当の期限を定めて基準を遵守するよう勧告する、②勧告に従わなかったときは、事業者名、勧告に至った経緯、勧告に対する対応などを公表し、③正当な理由がなく、勧告にかかる措置をとらなかったときは、相当の期限を定めて勧告にかかる措置をとるよう命令することができるとされています。

業運営が必要です。常に、職員の指導とともに点検するしくみをつくり、適正に業務を遂行することが重要です。

③ 重要事項説明書を用意する（基準第４条）

基準第４条は８項からなり、サービスの提供を開始する際の手続きなどについて定めています。順にみていきます。

（内容及び手続の説明及び同意）
第４条　指定居宅介護支援事業者は、指定居宅介護支援の提供の開始に際し、あらかじめ、利用申込者又はその家族に対し、第18条に規定する運営規程の概要その他の利用申込者のサービスの選択に資すると認められる重要事項を記した文書を交付して説明を行い、当該提供の開始について利用申込者の同意を得なければならない。

居宅介護支援事業者は、サービスを選択するために必要な重要事項を記した文書（重要事項説明書）を利用申込者に交付して説明を行い、同意を得なければなりません。したがって、あらかじめ「重要事項説明書」を用意しておく必要があります。重要事項説明書に記載すべき内容は、市町村の条例によって定められます。

ポイント

① 重要事項を説明したときは、内容を確認したこと、交付したことがわかるよう、利用者の署名を得ておきます（文書による同意）。
② 重要事項説明書と運営規程とに齟齬のきたさないようにします。保険者（指定権者）に届け出た重要事項説明書と運営規程の内容に違いがある場合、実地指導の「指摘事項」になります。

2　指定居宅介護支援事業者は、指定居宅介護支援の提供の開始に際し、あらかじめ、居宅サービス計画が第１条の２に規定する基本方針及び利用者の希望に基づき作成されるものであり、利用者は複数の指定居宅サービス事業者等を紹

介するよう求めること、前6月間に当該指定居宅介護支援事業所において作成された居宅サービス計画の総数のうちに訪問介護、通所介護、福祉用具貸与及び地域密着型通所介護（以下この項において「訪問介護等」という。）がそれぞれ位置付けられた居宅サービス計画の数が占める割合、前6月間に当該指定居宅介護支援事業所において作成された居宅サービス計画に位置付けられた訪問介護等ごとの回数のうちに同一の指定居宅サービス事業者又は指定地域密着型サービス事業者によって提供されたものが占める割合等につき説明を行い、理解を得なければならない。

「第1条の2に規定する基本方針」は、事業を行うにあたって、事業者に求められる基本的な姿勢を定めています。基準第1条の2第1項では、「指定居宅介護支援の事業は、要介護状態となった場合においても、その利用者が可能な限りその居宅において、その有する能力に応じ自立した日常生活を営むことができるように配慮して行われるものでなければならない」としています。これは、介護保険制度の理念である利用者の「尊厳と自立」を示しています。このほか、基本方針では、利用者自身によるサービスの選択、保健・医療・福祉サービスの総合的、効率的な提供、利用者本位、公正中立などが掲げられています。「利用者自身によるサービスの選択」が守られるためには、その前提として十分な量のサービスが確保されるとともに、丁寧な説明が欠かせません。まさに、居宅介護支援事業者には、制度の要として説明責任が課せられているといえます。

事業所の管理者には、基本方針を、事業所の運営を通じて具体化する姿勢が求められます。

3　指定居宅介護支援事業者は、指定居宅介護支援の提供の開始に際し、あらかじめ、利用者又はその家族に対し、利用者について、病院又は診療所に入院する必要が生じた場合には、当該利用者に係る介護支援専門員の氏名及び連絡先を当該病院又は診療所に伝えるよう求めなければならない。

第3項は、医療と介護の連携について規定しています。
利用者の心身の変化は、その生活に大きな影響を与えます。医療との連携は、ケアマ

ネジメントにおける重要なポイントです。

　仮に、入院が必要になっても支援の連続性が途切れることなく、利用者が住み慣れた地域で、最期まで望む生活を送れるようにするには、包括的・継続的なケアマネジメントの展開が必要になります。医師をはじめとする医療関係者と、介護支援専門員をはじめとする介護関係者が、一人の患者＝利用者にかかわる支援チームとして有機的に連携する必要性に言及したのが第3項です。

ポイント

● 利用者や家族に、介護支援専門員の連絡先を、健康保険被保険者証や介護保険被保険者証、お薬手帳などと一緒に保管しておくよう依頼しておくことも連携の一歩となります。

● 「医療連携のための共有シート」を作成している、自治体やケアマネジャーの連絡会、協議会などが増えています。こうした連携シート等を活用し、利用者を中心とした支援チームとして有効に情報を共有していくことが望まれます。

　第4項から第8項は、重要事項説明書に代えて、重要事項を電磁的方法で提供することができると定めています。重要事項の説明、交付、利用者の同意を得てケアマネジメントプロセスが始まります。

4　運営規程を定める（基準第18条）

（運営規程）

第18条　指定居宅介護支援事業者は、指定居宅介護支援事業所ごとに、次に掲げる事業の運営についての重要事項に関する規程（以下「運営規程」という。）として次に掲げる事項を定めるものとする。

一　事業の目的及び運営の方針

二　職員の職種、員数及び職務内容

三　営業日及び営業時間

四　指定居宅介護支援の提供方法、内容及び利用料その他の費用の額

五　通常の事業の実施地域

六　虐待の防止のための措置に関する事項

七　その他運営に関する重要事項

注　虐待の防止のための措置に関する事項については、2024（令和6）年3月31日までの間、経過措置があります。

　居宅介護支援事業者は、事業所ごとに、運営規程（事業の運営についての重要事項に関する規程）を定める必要があります。様式は任意です。保険者がひな型（図6-1）を用意し、ホームページに掲載していることが多いので、参考にすることができます。

図6-1　居宅介護支援　○○○○○○○○○運営規程（例）

（事業の目的）

第1条　＊＊法人△△が開設する○○○○○○○○○（以下「事業所」という。）が行う指定居宅介護支援の事業（以下「事業」という。）の適正な運営を確保するために人員及び管理運営に関する事項を定め、事業所の介護支援専門員が、要介護状態にある高齢者に対し、適正な指定居宅介護支援を提供することを目的とする。

（運営の方針）

第2条　当事業所は、利用者の心身の状況、その置かれている環境等に応じて、その利用者が可能な限りその居宅において、有する能力に応じ自立した日常生活を営むことができるよう、利用者の立場にたって援助を行う。

2　事業の実施に当たっては、利用者の意思及び人格を尊重し、利用者の選択に基づき適切な保健医療サービス及び福祉サービスが、多様な事業者から、総合的かつ効率的に提供されるよう中立公正な立場でサービスを調整する。

3　事業の実施に当たっては、関係区市町村、地域包括支援センター、地域の保健・医療福祉サービスとの綿密な連携を図り、総合的なサービスの提供に努めるものとする。

（事業所の名称等）

第3条　事業を行う事業所の名称及び所在地は、次のとおりとする。

一　名　称　○○○○○○○○○

二　所在地　・・・・・・・・・・・（××センター2階）

（職員の職種、員数及び職務内容）

第4条　当事業所に勤務する職種、員数及び職務内容は次のとおりとする。

一　管理者　介護支援専門員　1名

　　管理者は、事業所の従業者の管理及び業務の管理を一元的に行う。

二　介護支援専門員　○名以上（内、常勤1名以上）

　　介護支援専門員は、指定居宅介護支援の提供にあたる。

三　事務職員　○名以上

　　事務職員は、介護支援専門員の補助的業務及び必要な事務を行う。

（営業日及び営業時間）

第5条　当事業所の営業日及び営業時間は、次のとおりとする。

一　営 業 日　月曜日から土曜日まで

　　ただし、祝日及び12月29日から1月3日までを除く。

二　営 業 時 間　午前9時から午後6時までとする。

三　電話等により、24時間常時連絡が可能な体制とする。（※可能な限り、連絡可能な体制をとってください。）

（指定居宅介護支援の提供方法、内容及び利用料等）

第6条　指定居宅介護支援の提供方法及び内容は次のとおりとし、指定居宅介護支援を提供した場合の利用料の額は、別紙料金表によるものとする。ただし、当該指定居宅介護支援が法定代理受領サービスである時は、利用料を徴収しない。

一　介護支援専門員は、利用者の居宅を訪問し、利用者及びその家族に面接して、支援する上で解決しなければならない課題の把握及び分析を行い、その課題に基づき居宅サービス計画を作成する。

　　利用者による居宅サービスの選択に資するよう、当該地域における指定居宅サービス事業者等に関するサービスの内容、利用料等の情報を適正に利用者又はその家族に対し提供し、居宅サービス計画及びサービス事業者に関し利用者の同意を得た上で、サービス事業者等との連絡調整その他の便宜の提供を行う。

　　居宅サービス計画を作成した際には、当該居宅サービス計画を利用者及び担当者に交付する。

　　適切な保健医療サービス及び福祉サービスが総合的かつ効率的に提供された場合においても、利用者が介護保険施設への入所等を希望した場合は、介護保険施設への紹介その他便宜を提供する。

　　課題の分析について使用する課題分析票は○○○方式等を用いる。

二　介護支援専門員は、居宅サービス計画の作成後においても、利用者及びその家族、指定居宅サービス事業者等との連絡を継続的に行い、居宅サービス計画の実施状況を把握（以下「モニタリング」）するとともに、少なくとも1月に1回訪問することにより利用者の課題把握を行い、居宅サービス計画の変更及びサービス事業者等との連絡調整その他便宜の提供を行い、少なくとも1月に1回モニタリングの結果を記録する。

三　介護支援専門員は、必要に応じサービス担当者会議を当該事業所等で開催し、担当者から意見を求めるものとする。

四　介護支援専門員は、指定居宅介護支援の提供に当たっては、利用者の自宅等において、利用者又はその家族に対し、サービスの提供方法等について、理解しやすいよう説明を行うとともに、相談に応じることとする。

2　次条の通常の事業の実施地域を越えて行う指定居宅介護支援に要した交通費は、その実額を徴収する。なお、自動車を使用した場合の交通費は、次の額を徴収する。

　　通常の事業の実施地域を越え1km毎に　　○○円

3　前項の費用の支払を受ける場合には、利用者またはその家族に対して事前に文書で説明をした上で、支払に同意する旨の文書に署名（記名捺印）を受けることとする。

（通常の事業の実施地域）

第7条　通常の事業の実施地域は、○○区、＊＊区の区域とする。

（相談・苦情対応）

第8条　当事業所は、利用者からの相談、苦情等に対する窓口を設置し、自ら提供した居宅介護支援または居宅サービス計画に位置づけた指定居宅サービス等に関する利用者の要望、苦情等に対し、迅速に対応する。

（事故処理）

第9条　当事業所は、利用者に事故が発生した場合には、速やかに区市町村、利用者の家族等に連絡を行うとともに、必要な措置を講じる。

2　当事業所は、前項の事故の状況及び事故に際して採った処置について記録する。

3　当事業所は、利用者に賠償すべき事故が発生した場合には、速やかに損害賠償を行う。

（その他運営についての留意事項）

第10条　当事業所は、介護支援専門員の資質の向上を図るため、研修の機会を次のとおり設けるものとし、また、業務体制を整備する。

　　一　採用時研修　採用後○か月以内

　　二　継続研修　年○回

2　従業者は業務上知り得た利用者又はその家族の秘密を保持する。

3　従業者であった者に、業務上知り得た利用者又はその家族の秘密を保持させるため、従業者でなくなった後においてもこれらの秘密を保持するべき旨を、従業者との雇用契約の内容とする。

4　この規程に定める事項のほか、運営に関する重要事項は＊＊法人と事業所の管理者との協議に基づいて定めるものとする。

　　附　則

　　この規程は、●●××年　月　日から施行する。

すでに紹介したとおり、居宅介護支援の提供の開始に際し、あらかじめ、利用申込者またはその家族に対し、運営規程の概要を説明し、同意を得なければなりません。

なお、運営規程の内容に変更があった場合は、その都度、保険者への届出が必要です。届出は、変更事由が生じてから10日以内に行います。

また、運営規程には最新の情報が記載されている必要があります。

事業所の名称、所在地も運営規定に定めます。

1 事業の目的及び運営の方針

事業所が居宅介護支援を行う目的を明らかにします。基準に沿って適正な運営を行うこと、適正に管理を行うこと、主任介護支援専門員が管理者としてその事業を管理し、利用者に適切に居宅介護支援を提供することを明記します。

運営の方針は、事業の根幹であり、介護保険法の理念を示す「基本方針」に沿って規定することが一般的です。

2 職員の職種、員数及び職務内容

運営規定に定める職員の職種、員数及び職務内容は、基準に沿って定めます（表6-1）。

表6-1　人員に関する基準

介護支援専門員
● 事業所ごとに１人以上（利用者35人に対し１人を配置）
管理者
● 事業所ごとに、常勤・専従の管理者（主任介護支援専門員）を配置

① 管理者

管理者は、主任介護支援専門員でなければなりません。2027（令和9）年３月31日までの間は、経過措置が設けられていますが、居宅介護支援事業所における業務管理や人材育成の取り組みを促進する観点から、経過措置期間の終了を待たずに管理者として主

任介護支援専門員を配置することが望ましいとされています。

　また、管理者は、常勤かつ、専らその職務に従事する者でなければなりません。業務管理に支障がないときは、他の職務を兼ねることができますが、介護保険施設の常勤専従の介護支援専門員との兼務は認められません。

② 介護支援専門員

　事業所ごとに必ず1人以上の常勤を置かなければなりません。

　常勤の介護支援専門員の配置は、利用者の数35人に対して1人を基準とし、利用者の数が35人またはその端数を増すごとに増員が必要です。増員にかかる介護支援専門員については、非常勤とすることを妨げるものではありません。

> **ポイント**
>
> ● 運営規程では、①管理者1名、②主任介護支援専門1名以上、③介護支援専門員○名以上と、基準に従って明記します
>
> ● 職員については、介護支援専門員とその他の職員に区分し、員数及び職務内容を記載します
>
> ● 資格を含めた実員数は、重要事項説明書に記載し、利用者またはその家族へ説明します

3 営業日及び営業時間

　営業日及び営業時間を明確に示すとともに、特定事業所加算を算定している事業所においては24時間連絡がとれる体制について明記する必要があります。

　運営規程には連絡体制の方法等を記載します。重要事項説明書で具体的な連絡先（電話番号等）を明記します。

4 指定居宅介護支援の提供方法、内容及び利用料その他の費用の額

　居宅介護支援の提供方法、内容については、利用者の相談を受ける場所、課題分析の手順などを記載します。

　このほか、基準第5条から第16条に定める内容について運営規程に定めます（表6-2）。

表6-2	運営規程に定める内容

- 提供拒否の禁止（第5条）
- サービス提供困難時の対応（第6条）
- 受給資格等の確認（第7条）
- 要介護認定の申請にかかる援助（第8条）
- 身分を証する書類の携行・提示（管理者が指導する）（第9条）
- 利用料等の受領（交通費等）（第10条）
- 保険給付の請求のための証明書の交付（第11条）
- 指定居宅介護支援の基本取扱方針（第12条）
- 指定居宅介護支援の具体的取扱方針（第13条）
- 法定代理受領サービスにかかる報告（第14条）
- 利用者に対する居宅サービス計画等の書類の交付（他の居宅介護支援事業者の利用を希望する場合への対応）（第15条）
- 利用者に関する市町村への通知（第16条）

　第5条に規定する「提供拒否の禁止」について、居宅介護支援事業者は、正当な理由なく指定居宅介護支援の提供を拒んではならないとされています。ここでいう、「正当な理由」とは次のとおりとされています。

① 事業所の現員からは利用申込に応じきれない場合
② 利用申込者の居住地が事業所の通常の事業の実施地域外である場合
③ 利用申込者が他の指定居宅介護支援事業者にも併せて指定居宅介護支援の依頼を行っていることが明らかな場合　など

5 通常の事業の実施地域

　事業の実施地域として、○○市、○○市（うち○○区）（○○町の区域）などを記載します。その区域全域でない場合は、客観的にその対象区域がわかるように具体的な地区名などを記載します。

6 その他運営に関する重要事項

　「その他運営に関する重要事項」として、次の内容を記載します。

6

法令で定められている管理者の"仕事"

① 業務上知り得た利用者またはその家族に関する秘密保持について

② 従業者の退職後の秘密保持について

③ 記録の整備と保存期間

④ 規程に定めのない事項について○○と事業所の管理者の協議で定める（○○は株式会社、法人等）

 ## 5 勤務体制を定め、勤務状況を管理する
（基準第19条、解釈通知第二・3・(12)）

（勤務体制の確保）

第19条　指定居宅介護支援事業者は、利用者に対し適切な指定居宅介護支援を提供できるよう、指定居宅介護支援事業所ごとに介護支援専門員その他の従業者の勤務の体制を定めておかなければならない。

2　指定居宅介護支援事業者は、指定居宅介護支援事業所ごとに、当該指定居宅介護支援事業所の介護支援専門員に指定居宅介護支援の業務を担当させなければならない。ただし、介護支援専門員の補助の業務についてはこの限りでない。

3　指定居宅介護支援事業者は、介護支援専門員の資質の向上のために、その研修の機会を確保しなければならない。

4　指定居宅介護支援事業者は、適切な指定居宅介護支援の提供を確保する観点から、職場において行われる性的な言動又は優越的な関係を背景とした言動であって業務上必要かつ相当な範囲を超えたものにより介護支援専門員の就業環境が害されることを防止するための方針の明確化等の必要な措置を講じなければならない。

　事業所ごとに、原則として月ごとの勤務表を作成します。介護支援専門員については、勤務時間、常勤・非常勤の別、管理者との兼務等を明確にします。勤務状況などは、管理者が非常勤の介護支援専門員を含めて一体的に管理する必要があります。

　また、基準では、介護支援専門員の資質向上を図るための研修の重要性について規定しています。介護支援専門員実務研修修了後、初めて就業した介護支援専門員について

は、就業後6か月から3年以内に都道府県等が行う初任者向けの研修（介護支援専門員専門研修専門研修課程Ⅰ）を受講する機会を確保する必要があります。内部研修だけでなく外部研修への参加の機会も確保します。

6 従業者の健康を管理する（基準第21条）

（従業者の健康管理）

第21条　指定居宅介護支援事業者は、介護支援専門員の清潔の保持及び健康状態について、必要な管理を行わなければならない。

　従業者の健康管理については、「労働安全衛生法に基づく年1回の健康診断の実施」が必要です。詳細は、法人、事業所の就業規則に規定します。

7 苦情処理のしくみをつくる、苦情に対応する（基準第26条）

（苦情処理）

第26条　指定居宅介護支援事業者は、自ら提供した指定居宅介護支援又は自らが居宅サービス計画に位置付けた指定居宅サービス等（第6項において「指定居宅介護支援等」という。）に対する利用者及びその家族からの苦情に迅速かつ適切に対応しなければならない。

　2000（平成12）年の介護保険制度の創設に伴い、措置から契約へと福祉サービスの利用のあり方が大きく変わりました。その際、利用者の権利を護るために、社会福祉法に、苦情解決のしくみが位置づけられました。

　措置は、行政処分として利用する福祉サービスを決定するものですが、介護保険制度は、利用者とサービス提供事業者が対等な関係にもとづき「契約」によって利用者が自

ら選択できる制度です。しかし、高齢者の多くは契約に不慣れで、社会通念上も行政主導の意思決定が長く続いていた背景があり、利用者にとって不利益が生じやすいことから苦情処理（苦情解決）のしくみが制度化されたのです。

また、基準第26条第1項は、居宅介護支援事業者が、自ら提供した居宅介護支援または居宅サービス計画に位置づけた居宅サービス等に対する利用者及びその家族からの苦情に迅速かつ適切に対応しなければならないことを定めたものです。

介護支援専門員は苦情相談窓口について必ず説明するとともに、自ら声を上げることが難しい利用者の権利を擁護する立場で、代弁者としての機能・役割も担う必要があることをおさえておきましょう。

> ### ポイント
>
> 苦情を受けつけるための窓口を設置するとともに、相談窓口、苦情処理の体制を整え、手順等を定めます。事業所に苦情の申し出があった場合、組織として迅速かつ適切に対応します。利用者またはその家族、居宅サービス事業者等の申し出をよく聞き、苦情にかかわる問題点を把握したうえで対応策を検討し、必要に応じて利用者に説明しなければなりません。
>
> また、苦情は、事業者にとってサービスの質の向上を図るうえで大切な情報です。苦情に隠された真のニーズを捉え、事業者としての資質向上を図ることが責務です。

2　指定居宅介護支援事業者は、前項の苦情を受け付けた場合は、当該苦情の内容等を記録しなければならない。

苦情を受けつけた日、苦情の内容などの記録は、2年間（保険者によっては5年間）保存する必要があります。

3　指定居宅介護支援事業者は、自ら提供した指定居宅介護支援に関し、法第23条の規定により市町村が行う文書その他の物件の提出若しくは提示の求め又は当該市町村の職員からの質問若しくは照会に応じ、及び利用者からの苦情に関して市町村が行う調査に協力するとともに、市町村から指導又は助言を受けた場合においては、当該指導又は助言に従って必要な改善を行わなければならない。

4　指定居宅介護支援事業者は、市町村からの求めがあった場合には、前項の改善の内容を市町村に報告しなければならない。

居宅介護支援事業者は、介護保険法第23条の規定に基づき、次のとおり、市町村からの調査等に応じる必要があります。

● 居宅サービス計画などの居宅介護支援の提供にかかわる資料を提出すること
● 市町村の職員からの質問及び照会に応じること
● 市町村の職員が行う利用者からの苦情に関する調査に協力すること
● 市町村からの指導または助言に従って必要な改善を行うこと
● 市町村からの求めに応じ、改善の内容を報告すること

住民の生活圏域において最も身近な行政機関である市町村は、居宅介護支援事業者に対する苦情に関する調査や指導、助言を行うことができます。苦情処理については、重要事項説明書等に記載し、利用者またはその家族に説明するとともに、事業所に掲示することが必要です。

> 5 指定居宅介護支援事業者は、自らが居宅サービス計画に位置付けた法第41条第1項に規定する指定居宅サービス又は法第42条の2第1項に規定する指定地域密着型サービスに対する苦情の国民健康保険団体連合会への申立てに関して、利用者に対し必要な援助を行わなければならない。
>
> 6 指定居宅介護支援事業者は、指定居宅介護支援等に対する利用者からの苦情に関して国民健康保険団体連合会が行う法第176条第1項第3号の調査に協力するとともに、自ら提供した指定居宅介護支援に関して国民健康保険団体連合会から同号の指導又は助言を受けた場合においては、当該指導又は助言に従って必要な改善を行わなければならない。
>
> 7 指定居宅介護支援事業者は、国民健康保険団体連合会からの求めがあった場合には、前項の改善の内容を国民健康保険団体連合会に報告しなければならない。

市町村の場合と同様、居宅介護支援事業者は、国民健康保険団体連合会が行う調査などに協力しなければなりません。

● 国民健康保険団体連合会に居宅サービス計画などの居宅介護支援の提供にかかわる資料を提出すること
● 国民健康保険団体連合会の職員からの質問及び照会に応じること
● 国民健康保険団体連合会の職員が行う利用者からの苦情に関する調査に協力すること

- 国民健康保険団体連合会からの指導または助言に従って必要な改善を行うこと
- 国民健康保険団体連合会からの求めに応じ、改善の内容を報告すること

Column

… 苦情解決の取り組み …

運営規程の整備と併せ、苦情対応マニュアルを作成し、事業所全体で苦情解決に取り組むことがケアマネジメントの質の向上、職員の資質向上につながります。苦情に隠された「真のニーズ」をつかみ、利用者の望む暮らしの支援へとつなげることが居宅介護支援事業の役割でもあります。例えば、次のような取り組みを実践します。

① 苦情対応マニュアルの整備

② 苦情受付担当者、苦情解決責任者の選任（事業所に掲示）

③ 苦情事例の集約・分析

④ 課題抽出と改善（人権、コンプライアンス、接遇、職業倫理などにかかわる研修の実施など）

Column

… 苦情の種類や内容は？ …

苦情対応は、多くの場合、多大な時間と労力を必要とします。

しかし、苦情の傾向から起こりやすい問題を把握し、あらかじめ必要な措置を講じておくことで、事故やトラブルを未然に回避できる場合があります。また、苦情の集約・分析結果から、制度や事業の問題点を把握し、介護サービスの質の向上に役立てることも可能です。

苦情が出たことを否定的にとらえず、まずは、なぜ苦情につながったのかを職員とともに振り返ることが重要です。

ここで、「東京都における介護サービスの苦情相談白書 令和2年版―令和元年度実績」から、苦情の種類や内容について紹介します。

① 苦情内容別の構成割合

苦情の内容別にその構成割合をみてみると、サービス提供、保険給付に関する苦

情1,644件のうち、サービスの質が491件（29.9％）、従事者の態度が323件（19.6％）、説明・情報の不足が268件（16.3％）で6割以上を占めています。

図6-2　苦情内容別の構成割合

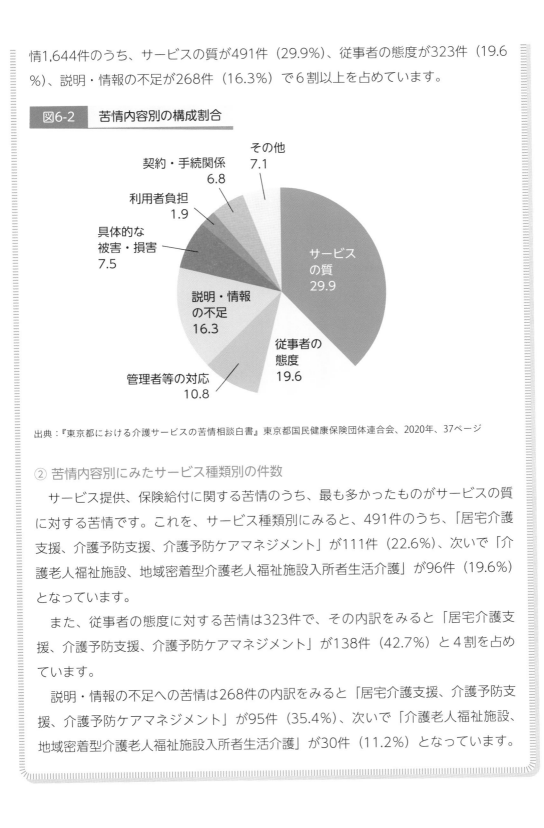

その他
7.1

契約・手続関係
6.8

利用者負担
1.9

具体的な
被害・損害
7.5

サービス
の質
29.9

説明・情報
の不足
16.3

従事者の
態度
19.6

管理者等の対応
10.8

出典：『東京都における介護サービスの苦情相談白書』東京都国民健康保険団体連合会、2020年、37ページ

② 苦情内容別にみたサービス種類別の件数

　サービス提供、保険給付に関する苦情のうち、最も多かったものがサービスの質に対する苦情です。これを、サービス種類別にみると、491件のうち、「居宅介護支援、介護予防支援、介護予防ケアマネジメント」が111件（22.6％）、次いで「介護老人福祉施設、地域密着型介護老人福祉施設入所者生活介護」が96件（19.6％）となっています。

　また、従事者の態度に対する苦情は323件で、その内訳をみると「居宅介護支援、介護予防支援、介護予防ケアマネジメント」が138件（42.7％）と4割を占めています。

　説明・情報の不足への苦情は268件の内訳をみると「居宅介護支援、介護予防支援、介護予防ケアマネジメント」が95件（35.4％）、次いで「介護老人福祉施設、地域密着型介護老人福祉施設入所者生活介護」が30件（11.2％）となっています。

6

法令で定められている管理者の〝仕事〟

8 事故対応のしくみをつくる（基準第27条）

（事故発生時の対応）

第27条　指定居宅介護支援事業者は、利用者に対する指定居宅介護支援の提供により事故が発生した場合には速やかに市町村、利用者の家族等に連絡を行うとともに、必要な措置を講じなければならない。

2　指定居宅介護支援事業者は、前項の事故の状況及び事故に際して採った処置について記録しなければならない。

3　指定居宅介護支援事業者は、利用者に対する指定居宅介護支援の提供により賠償すべき事故が発生した場合には、損害賠償を速やかに行わなければならない。

1 事故対応マニュアルなどの作成、損害賠償保険への加入

　居宅介護支援事業者は、サービスの提供により事故が発生した場合は、市町村、利用者の家族などに連絡し、必要な措置を講じるとともに、事故の状況及びその際とった処置について記録しなければなりません。また、賠償すべき事故が発生した場合には、損害賠償を速やかに行います。

　管理者は、事故が起きた場合の連絡先とその方法、対応、手順、市町村に報告する際の基準（どのような事故が起きた場合に市町村に報告するのか）などを定めた「事故対応マニュアル」などを作成します。速やかな賠償を行うために、損害賠償保険の加入も事業者としての責務です。管理者は、事業所における損害賠償の方法（保険に加入している場合にはその内容）について把握しておく必要があります。

2 事故の予防

　事故対応は、苦情解決とともに、リスク管理にあたり、重要な取り組みです。

　事故が発生した場合、その原因を解明し、再発防止のための対策を講じます。事故には至らなかったものの、事故が発生しそうになった場合（ヒヤリ・ハット事例）及び現

状を放置しておくと事故に結びつく可能性が高いものについて、事前に情報を収集し、防止対策を講じます。

　また、事故が発生した場合、または事故に至る危険性がある事態が生じた場合に、その事実が報告されるとともに、その分析を通じた改善策が、職員に周知徹底される体制を整備します。

Column

… 居宅介護支援にかかわる介護保険事故とは？ …

（主な例）

① 個人情報の保護に関する事故（紛失等）

● 個人情報が入ったノートパソコンやUSBメモリ、スマートフォン、タブレットを紛失した、または外出した際にどこかに置き忘れた

● メールを誤って送信した、誤ったファイルを添付した、c.c.でかかわりのない人に送ってしまった、大切なデータを削除してしまった

● 自転車で利用者宅を訪問する際に、かばんをひったくられた

● FAXでの漏洩（個人名等をマスキングせず送信した、マスキングが不十分だった）

● 個人情報を含んだ書類を一般ごみとして出してしまった

② 給付管理事故

● ケアレスミス（居宅介護支援の届出を忘れ、償還払いになる）

● 国民健康保険団体連合会に対する請求で誤りがあり、サービス事業者に保険給付が行われなかった

● 給付申請の伝送ミスにより保険請求ができなかった

③ 利用者への直接的な損害賠償事故（けがを負わせてしまうなど）

3　ヒューマンエラーの防止

　利用者の個人情報、センシティブ情報を、常に業務として取り扱うケアマネジメントにおいて、情報の紛失や漏洩は、利用者の尊厳を深く傷つけるだけでなく、不利益をもたらし、利用者の生活を一変させる大事故につながります。ヒューマンエラーを未然に

防ぐため、事業者としてその対策を講じることは必須といえます。

IT化、クラウド管理が進み、タブレット端末を業務で使用する事業者も増えています。書類管理のみならず、インターネット環境のセキュリティー強化と事業者の管理が欠かせません。

個人情報の紛失・漏洩などのヒューマンエラー（紛失・置き忘れ、誤操作、設定のミスなど）の基本的な防止策を紹介します。

表6-3　ヒューマンエラーの基本的な防止策

① 個人情報の取り扱いに関するルールを定める
② ルールについて具体的な内容と注意するポイントを周知する
③ ルールを点検するしくみをつくる（点検者、点検の対象になる帳票、管理簿）
④ IT環境の整備（クラウド化、データの持ち出しやローカルPCへの保存を禁止する、フォルダに対するアクセス権限を設定するなど）
⑤ 個人情報保護及び事故防止に関する職員教育を行う（研修計画の策定と実施）

図6-3　個人情報の取り扱いに関する事業所の管理（例）

【毎日の点検】　　　　　　　　　　　○○年○○月○○日　○○時○○分　点検者○○○○

	確認項目	
1	個人情報の持出・受領にあたり、「個人情報管理記録簿（持出・受領）」に記載している	☐
2	個人情報が記載された書類や電子媒体は、鍵のかかるキャビネットや書庫に保管している	☐
3	混入による書類の紛失を妨ぐため、デスク上が整理されている	☐
4	個人情報を記載したメモやノート等、保存の必要がないものを破棄している	☐
5	業務で使用している個人情報が記載された書類などは、紛失等を防止するためあらかじめ一時的な保管場所を決めている	☐
6	書類の転落による誤廃棄防止のため、個人情報が記載された書類を取り扱う机（作業台）の横にごみ箱を配置していない	☐
7	個人情報を含む書類が出力後にプリンター等に放置されていない	☐
8	個人情報を運搬する際の専用クリアケースやバッグをあらかじめ定め、管理している	☐
9	受領した本人確認書類は、本人確認終了後速やかに返還する	☐
10	責任者は、個人情報が記載された書類について、紛失、処理漏れなどがないように確認する	☐

図6-4　個人情報管理記録簿（持出・受領）（例）

日	時	持出	受取	氏名	個人情報項目	管理者 （印）
					□ 契約書 □ 重要事項説明書 □ 居宅サービス計画書 □ サービス担当者会議録 □ 利用表・別表 □ カンファレンス記録 □ FAX（　　　　　　　　） □ 電子媒体（　　　　　　） 　その他（　　　　　　　）	
					□ 契約書 □ 重要事項説明書 □ 居宅サービス計画書 □ サービス担当者会議録 □ 利用表・別表 □ カンファレンス記録 □ FAX（　　　　　　　　） □ 電子媒体（　　　　　　） 　その他（　　　　　　　）	

個人情報保護法に則り、組織的な管理を行う。
年間スケジュールを立て、教育と管理を行う（年1回以上の監査体制）。

図6-5　個人情報保護管理責任者による組織的点検（例）

○○年○○月○○日　○○時○○分　点検者○○○○

	○×	確認項目	指摘事項
1		個人情報保護に関する基本方針を事業所に掲示している	
2		個人情報保護の利用目的や責任者、問い合わせ窓口を記した「個人情報及び情報公開に関するお知らせ」は、最新のものが事業所の見やすい場所に掲示されている	
3		「個人情報登録簿」と帳票簿冊は、いつでも閲覧ができるようになっている	
4		・・・・・・・・・・・・・・・・・・・・・・・・・・・・・・	
5		・・・・・・・・・・・・・・・・・・・・・・・・・・・・・・	
6		・・・・・・・・・・・・・・・・・・・・・・・・・・・・・・	
7		・・・・・・・・・・・・・・・・・・・・・・・・・・・・・・	
8		・・・・・・・・・・・・・・・・・・・・・・・・・・・・・・	
9		・・・・・・・・・・・・・・・・・・・・・・・・・・・・・・	
10		・・・・・・・・・・・・・・・・・・・・・・・・・・・・・・	

6

法令で定められている管理者の"仕事"

（記録の整備）

第29条　指定居宅介護支援事業者は、従業者、設備、備品及び会計に関する諸記録を整備しておかなければならない。

2　指定居宅介護支援事業者は、利用者に対する指定居宅介護支援の提供に関する次の各号に掲げる記録を整備し、その完結の日から2年間保存しなければならない。

一　第13条第13号に規定する指定居宅サービス事業者等との連絡調整に関する記録

二　個々の利用者ごとに次に掲げる事項を記載した居宅介護支援台帳

イ　居宅サービス計画

ロ　第13条第7号に規定するアセスメントの結果の記録

ハ　第13条第9号に規定するサービス担当者会議等の記録

ニ　第13条第14号に規定するモニタリングの結果の記録

三　第16条に規定する市町村への通知に係る記録

四　第26条第2項に規定する苦情の内容等の記録

五　第27条第2項に規定する事故の状況及び事故に際して採った処置についての記録

1　記録の保存

　居宅サービス計画、アセスメントの結果、サービス担当者会議の記録、モニタリングの結果、苦情の内容の記録やサービス事業所とのやりとりで発生する書類などを管理、保管するスペースで頭を悩ませている事業所も多いと思います。

　基準や保険者の条例を確認しながら、ケアマネジメントに関する書類を、適切に整備、保存することも管理者の役割の一つです。

　なお、基準では、「記録を整備し、その完結の日から2年間保存しなければならない」

と規定していますが、記録の保存年限、起算日、保存書類などは市町村によって異なります。「基準」と同様としている市町村もあれば、起算日や保存年限を条例で別途定めている市町村もあります。

　また、法人によって異なる場合もあります。したがって、市町村の条例や法人の考えを確認したうえで、事業所における記録を保存する際のルールを定めます。

ポイント

- ●市町村の条例をふまえて、保存年限、起算日、保存書類を明らかにする
- ●保存書類簿を作成したうえで、保存場所、保存する書類の種類・内容、保存年限・破棄年度について整理し、必要なときに取り出せるように管理する
- ●保存する書類を入れるダンボールなどの外側に一覧表を貼り、保存されている書類が外からわかるようにする（保管書類簿との整合性に留意する）
- ●廃棄手順（決裁方法）を明らかにする
- ●年度途中に終了したケースの一時保管場所などを事業所内で統一する

2　記録の廃棄

　起算日により、契約終了前であっても、保存年限を経過した書類を破棄することが可能な場合があります。

　また、「サービスが終了した日（契約終了日）から○年を経過した日」としている場合、①契約終了年度ごとに予定破棄年度を記載し、保存する、②予定破棄年度に書類を破棄するという手順になります。この場合、契約が長期間に及ぶと膨大な書類の記録を保存することになり、保管スペースの工夫が必要となります。

一方、契約終了前であっても、保存年限を経過した書類を破棄することが可能な場合は、①年度ごとに予定破棄年度を記載し、保存する、②毎年度末に破棄可能年度の書類を破棄するという手順になります。

表6-4　起算日の違い（例）

- 完結の日から２年を経過した日（基準と同じ）
- サービスが終了した日（契約終了日）から〇年を経過した日としている場合
- その記録にかかる介護給付があった日から〇年を経過した日としている場合
- その記録の作成目的が果たされた日から〇年を経過した日としている場合　　など

表6-5　保存書類・保存年限の例

記録	起算日	保存年限	根拠
市町村への通知にかかる記録	市町村への通知を行った日	〇年間	運営基準条例
苦情の内容などの記録	その記録にかかる対応が終了した日	〇年間	運営基準条例
事故の状況・処置の記録	その記録にかかる対応が終了した日	〇年間	運営基準条例
居宅サービス計画書（第１表・２表・３表）	その記録にかかる給付があった日	〇年間	運営基準条例
サービス担当者会議の要点（第４表）	その記録にかかる給付があった日	〇年間	運営基準条例
指定居宅サービス事業所などとの連絡調整に関する記録（第５表）	当該記録にかかる給付があった日	〇年間	運営基準条例
アセスメントの結果の記録	その記録にかかる給付があった日	〇年間	運営基準条例
モニタリング結果の記録	その記録にかかる給付があった日	〇年間	運営基準条例
居宅介護支援契約書	契約終了日	〇年間	自社規則
個人情報使用同意書	契約終了日	〇年間	自社規則
介護保険被保険者証（写）	契約終了日	〇年間	自社規則
各種申請書（写）	契約終了日	〇年間	自社規則
その他の書類	契約終了日	〇年間	自社規則

… 事業の適正な運営のために …

　指定権者（保険者）の実地指導では、法令、「指定居宅介護支援等の事業の人員及び運営に関する基準」（平成11年3月31日厚生省令第38号）に沿って適正に事業運営が行われているか点検されます。

　管理者は、実地指導の視点をふまえて、事業所を運営することも大切な役割です。市町村は、指導監督（集団指導・実地指導）の結果を報告書としてまとめています。

　管理者として職員の指導とともに適切な事業運営ができるように、指導監査の報告書（実地指導の視点）や、市町村が作成している「居宅介護支援事業のための運営の手引き」などを参考に準備を整えておくとよいでしょう。

… 5Sと職場環境 …

　職員が働きやすい環境を整えることも管理者に求められている役割の一つです。快適な職場環境は、職員のストレスを軽減させ、心身のバランスを良好に保ってくれます。

　5Sとは、職場環境の改善と維持のために用いられる標語で、「整理・整頓・清潔・清掃・躾」の頭文字がその由来です。3S（整理・整頓・清掃）の徹底と繰り返しにより、業務プロセスの見直しと効率化を図り、職場環境を改善していきます。また、効果的な5Sは、仕事の質を高め、チーム力を向上させるともいわれています。

　一定期間（例えば5年）以上経過した書類や使用頻度の少ない資機材が数多く保管され、スペースをとっているときは、5Sの「整理」の視点で廃棄基準と権限を明確にした文書管理規定を作成し、文書管理を行います。また、「整頓」の3定（定置・定品・定量）の視点で、使用する場所や頻度をふまえた機能的な収納と配置を工夫します。そのほか、整理・整頓した状態を維持するためのしくみづくりとして、「清掃・清潔・躾」の視点で、誰でも同じことができるようにルールや手順を定めます。

　「毎月5がつく日は5Sの日」と定め、5Sの習慣化を目指している事業所もあ

ります。取り組みを継続していくことで、デスクの上が乱雑になっていた職員も
徐々に整理・整頓・清掃に興味をもち、自主的にデスクを掃除するようになったな
どの例もあります。

図6-6 5S（整理・整頓・清潔・清掃・躾）

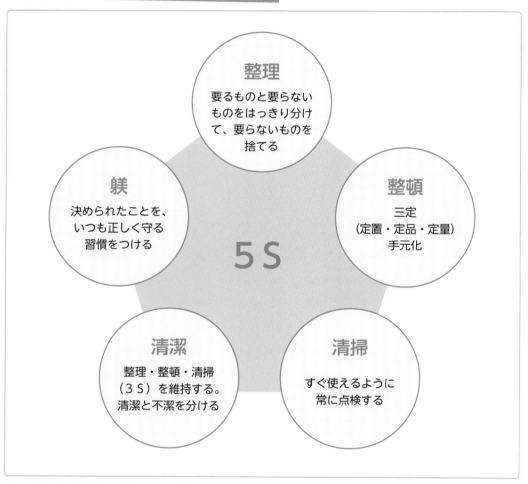

出典：厚生労働省老健局「介護サービス事業における生産性向上に資するガイドライン（居宅サービス分）―介護の価値向
上につながる職場の作り方」2019年、8ページ

人を育てる、定着させる

ための管理者の"仕事"

1　組織の理念と人材育成

　本章では、事業を支える人材育成のしくみについて説明します。

　人材育成とは、その組織（企業、法人、事業所など）の目指すべき方向性を示す理念を実現するために、志を同じくして働く人を育てていくことです。

　理念は、その組織が目指す、あるべき姿を描く、羅針盤ともいえます。

　第2章では、研修計画として人材育成にふれていますが、ここでは、理念の実現に向け、中・長期計画、単年度の事業計画を実現するために行動する人材をどのように育成するのか、そのしくみづくりについて、紹介します。組織の理念の実現に向けて、日々の行動、業務を担える職員を育てることは、事業の安定、発展につながります。また、事業の継続は組織の社会的責任です。

　居宅介護支援事業は、介護保険事業における収益事業です。事業の安定につながる収益を確保するには、サービスを利用する利用者等の信頼を得なければなりません。その信頼を得るには、利用者の生活を支援するケアマネジメントを展開する介護支援専門員一人ひとりが信頼に値する仕事ができなければなりません。信頼に値する仕事ができる人材の育成とは、例えば、次のように表現することができます。

● 理念を実現できる人材を育てる
● 組織（事業所）の発展に貢献できる人材を育てる
● 一人ひとりがその能力を発揮することで、組織の利益を最大化するような人材を育てる
● 組織として社会に貢献できる人材を育てる

　本章では、組織の理念を実現できる人材育成に必要なしくみづくりについて、具体的な取り組みを紹介します。

① OJT（On-The-Job Training）のしくみをつくる（同行訪問／メンター制度）
② Off-JT（Off-The-Job Training）のしくみをつくる
③ 事業所におけるキャリアパスを明らかにする
④ 職務基準、就業規則、業務マニュアルを整備する（もしくは理解するまたは説明する）
⑤ チームの形成に課題を抱える職員に向き合う

2 OJT（On-The-Job Training）のしくみをつくる（同行訪問／メンター制度）

　OJT（On-The-Job Training）は、実際の職務現場において、仕事に必要な知識やスキルを身につける職場訓練の方法です。主に新任職員育成のための教育訓練のことをいい、上司や先輩社員が部下の指導を行います。

　なお、OJTのしくみづくりの前に、介護支援専門員の成長過程について実務研修に始まる研修体系をおさえておきましょう。

　2013（平成25）年にとりまとめられた「介護支援専門員（ケアマネジャー）の資質向上と今後のあり方に関する検討会における議論の中間的な整理」などをふまえ、介護支援専門員の研修制度の見直しが行われました（実施は2016（平成28）年4月から）。主任介護支援専門員の更新制の導入や、研修時間数の変更のほか、介護支援専門員実務研修受講試験に合格した後の実務研修（介護支援専門員実務研修）に、現場実習が導入され、実践現場での体験を通して実務に携わる準備をすることになりました。

　実務研修における「実習」について、の研修手法の特徴（表7-1）とその目的（表7-2）を確認します。

表7-1　実習の手法と特徴

- 実習を通じて得られる具体的、個人的な経験を、学んできた知識、技術、態度と結び付け、実務が展開できるようにする。
- 介護支援専門員の実務経験が無い受講者に対し、介護支援専門員の業務の実際を経験してもらうことにより、自らが実践を始める際の心構えを持ってもらうことが出来る。
- 高齢者個人や事業所の利用者等の協力を得て学習していることを考慮する。

出典：介護支援専門員実務研修ガイドライン

7

人を育てる、定着させるための管理者の"仕事"

113

表7-2　「ケアマネジマントの基礎技術に関する実習」の目的と内容

○　目的
　実習現場でのケアマネジメントプロセスの経験を通じて、実践に当たっての留意点や今後の学習課題等を認識する。
○　内容
　利用者への居宅訪問を行い、アセスメントの実施、居宅サービス計画の作成、サービス担当者会議の準備・同席、モニタリングの実施、給付管理業務の方法など一連のケアマネジメントプロセスの実習を行う。

出典：介護支援専門員実務研修ガイドライン

　介護支援専門員としての実務につくには、87時間の実務研修を経て、都道府県に登録することが必要です。実務研修では、業務の基礎を習得し、現場に出て実践を積みながら専門職としてのケアマネジャーに成長していきます。志をもって新たな環境で業務につく新任の介護支援専門員を育てることは、組織（事業所）の社会的責任といえます。主任介護支援専門員の役割として人材育成・後進育成と地域づくりが位置づけられています。それらが、事業所管理者の重要な責務といえます。

　OJTを実施するには、いつ、誰が、何を、どのように教育・指導を行い、評価はどのように行うのか、そのしくみを組織的に、体系的につくっておくことが求められます。

　第4章で、1か月単位で行う管理者の仕事について説明しましたが、研修のしくみをつくるとともに、OJTマニュアル、業務マニュアルなどを整備する必要があります。

　組織の理念があり、理念の実現に向けた実行力のある人材を育てるために、その理念に適った職員像、成長のステップが明らかになっていることが大切です。複数の事業所を運営する法人・企業では、「人材育成ガイドライン」として、理念を実現できる職員像と学びのステップを定め、職員に周知しているところも少なくありません。

図7-1 成長のステップ（月単位、年単位で何を学び、目指すところは？）

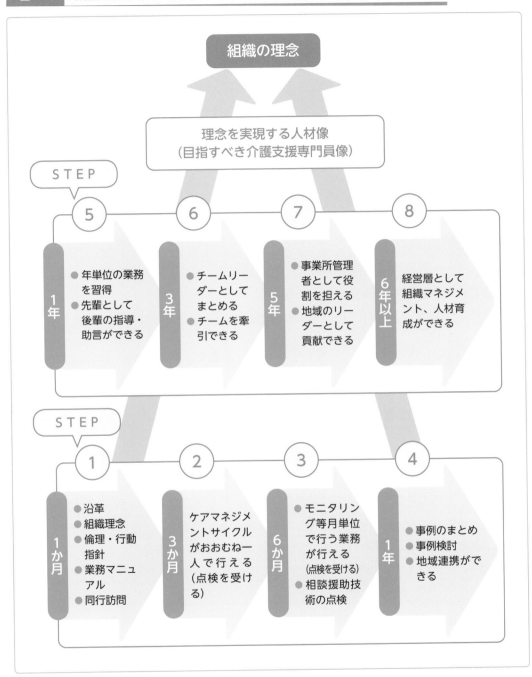

　学ぶべき項目は多岐にわたりますが、成長のステップに応じた指導を行うために、成長過程を可視化することは、職員のモチベーションの維持、向上にもつながります。

STEP1の前に、入職前の準備が必要です。新規採用のほか、複数の事業所を運営している企業・法人では、ほかの（居宅介護支援）事業所からの異動や、ほかの事業（地域包括支援センター、特別養護老人ホーム、デイサービスセンター）などからの異動もあるでしょう。いずれの場合でも、新任の介護支援専門員を迎え入れることになります。期待と不安を抱きながらの第一歩が、安心と意欲につながるスタートになるように準備をしましょう。入職前の準備として、次のとおり整えておきます。

① OJTマニュアルを準備する

② 研修担当者を決める（育成担当）

③ 職場で研修内容を共有する

④ 資料、ポートフォリオを準備する

⑤ 1か月の勤務に即した研修計画を準備する

⑥ 月単位（1か月、3か月、6か月）の研修計画に沿ったOJT計画書を準備する

例えば、次のようなリストを作成しておけば、準備をし忘れたということがなくなるでしょう（表7-3）。

表7-3　入職前の準備（例）

入 職 前 の 準 備

職員氏名：＿＿＿＿＿＿＿＿＿＿＿＿＿＿＿＿＿　　　　入職日：　　年　　月　　日

	内　　容	実施日	実施者
1	ロッカー、デスク、デスクマット、いす、レターボックスなど（記名）		
2	職員証、制服、名札（研修中名札は3か月着用）、文房具一式など		
3	名刺、ポートフォリオ、研修ファイルなど		
4	新任職員へ連絡、勤務表の確認		
5	・・・・・		

① 月単位（1か月後、3か月後、6か月後）の研修計画に沿ったOJT計画書を準備する

例えば、入職後1か月後、3か月後、6か月後をめどに、習得目標をあらかじめ明確

にしておき、その内容をふまえて、誰が、どのような方法で教育するのか、OJT計画表として明らかにします（表7-4）。業務マニュアル等の内容に沿って実務を経験し、習得できるようにします。

○ 習得目標（例）

❶ 入職から1か月目まで
● 本社もしくは法人の新規採用者研修を受講する
● 事業所の先輩職員に同行し、実践現場を通じて業務の基礎を習得する

❷ 2か月目
● 1か月目で行う業務について、一人で実施できるよう取り組みながら、先輩職員の点検、確認を受ける

❸ 3か月目
● 月単位で行う業務について、一人で行えるように取り組む。週末、月末に、管理者から、業務の習熟度について点検を受ける

❹ 6か月目
● 一人でケアマネジメント業務を行うことができるかどうか確認するとともに、成長のための課題、再履修する項目などの点検を受ける

表7-4	OJT 計画表（1か月〜3か月）

① 入職から1か月目まで
【本社・法人：新規採用者研修】

	内　容	受講日	担当者	方　法 テキスト マニュアル	DVD等	同行訪問	備考
1日目	組織（法人・事業所）沿革・概要	○／○	管理職				
	ビジョン	○／○	□□	●			
	長期計画・中期計画	○／○	□□	●			
	サービス理念	○／○	□□	●			
	個人情報保護	○／○	□□	●			
	人権尊重	○／○	□□	●			
	コンプライアンス	○／○	□□	●			
	人事考課制度	○／○	□□	●			
	ハラスメント防止・メンタルヘルス事業	○／○	□□	●	●		

【現場研修：事業所（先輩に同行）】

	内　　容	受講日	担当者	方　法			備考
				テキストマニュアル	DVD等	同行訪問	
2日目	事業所概要・事業計画	○／○	A所長	●			
	地域包括ケアシステム	○／○	A所長	●			
	地域における事業所の役割	○／○	B主任	●	●	●	
	接遇	○／○	B主任	●	●	●	
	勤務表・週間予定表・役割分担	○／○	B主任	●			
	PCシステム	○／○	C職員	●			
	事務手続き	○／○	事務員	●			
1週間から1か月	研修計画・研修報告	○／○	A所長	●		●	
	訪問・面接	○／○	B主任	●		●	
	アセスメント	○／○	B主任	●		●	
	記録	○／○	C職員	●		●	
	地域包括支援センターとの連携	○／○	D職員	●		●	
	医療連携	○／○		●		●	
	事例検討会への参加	○／○		●		●	
	事故報告・ヒヤリハット	○／○		●		●	
	苦情解決の取り組み	○／○		●		●	
	社会資源の把握	○／○		●		●	
	モニタリング	○／○		●		●	

② 2か月目

【2か月目：一人で業務を行いながら先輩の点検を受ける】

	内　　容	受講日	担当者	方　法			実施後担当者 ☑
				テキストマニュアル	DVD等	同行訪問	
2か月目	給付管理	○／○		●		●	
	OJT進捗を再確認	○／○		◐			
	給付管理（実績入力・伝送）	○／○		●		●	
	ケアマネジメントプロセスの確認	○／○		◐			
	・・・・・	○／○		◐			
	・・・・・	○／○		●			

③ 3か月目
【3か月目：ケアマネジメントプロセスに沿って一人で業務が行える：週末、月末に業務の点検を受ける】

	内　容	受講日	担当者	方　法			実施後担当者 ✓
				テキストマニュアル	DVD等	同行訪問	
3か月目	OJT進捗を再確認	○／○		●			
	契約ができる	○／○		●		●	
	給付管理（実績入力・伝送）が行える	○／○		●		●	
	ケアマネジメントプロセスの確認	○／○		●		●	
	・・・・・	○／○		●		●	
	・・・・・	○／○		●		●	

④ 6か月目
【6か月目：ケアマネジメント業務について振り返り、今後の研修計画の目標を再確認する】

	内　容	受講日	担当者	方　法			実施後担当者 ✓
				テキストマニュアル	DVD等	同行訪問	
6か月目	OJT進捗を再確認	○／○		●			
	・・・・・・・	○／○		●			
	・・・・・・・	○／○		●			
	・・・・・・・	○／○		●			
	・・・・・	○／○		●		●	
	・・・・・	○／○		●		●	

② 新任職員の育成（OJT）をチームで共有する

　人材の育成は育成担当者だけで行うものではありません。事業所として新任職員を教育するという意識が大切です。

　勤務表に、その月の事業所の業務と併せて、新任職員の研修の予定などを記載しておくと、事業所の業務を可視化できます（表7-5）。

　居宅介護支援の場合、介護報酬だけで事業所を経営することは大変難しいといえ、一人前のケアマネジャーとして業務が可能になるまでの教育期間を十分にとるだけの財政

的な余裕がある事業所は限られています。退職者の補充として新任職員を採用することが多く、新任職員が入職と同時に35件のケアマネジメントを担うこともまれではありません。

対人援助職である介護支援専門員が行うケアマネジメントは、人の暮らしの質、人生の選択に直結する仕事であり、良質なケアマネジメントを提供できる人材を丁寧に育成することが事業所、また事業所管理者に求められる責務です。その責務を果たすためにも、OJTを通してケアマネジメントの本質の理解を深めるとともに、理論と実践の基礎をつくることが重要です。

表7-5　1か月の勤務にあわせた指導計画

○○居宅介護支援事業所　●●月勤務表

氏名	曜日	1 月	2 火	3 水	4 木	5 金	6 土	7 日	8 月	9 火	10 水	11 木	12 金	13 土	14 日	15 月	16 火	17 水	18 木	19 金	20 土	21 日	22 月	23 火	24 水	25 木	26 金	27 土	28 日	29 月	30 火	31 水
	予定	新規採用発令・新任職員研修	法人役員会・事例検討/事業所研修	所内職員会議	実績回収・点検	給付管理・実績入力			給付管理・実績入力	事例検討	国保連伝送		地域包括支援センター連絡会			医療連携会議	地域ケア会議	事例検討	地域事業者連絡会						ケアマネジャー連絡会		市内介護保険事業者勉強会			事例検討		
	24時間携帯	A	A	A	A	A	B	B	B	B	B	C	C	C	C	C	D	D	D	D	A	A	A	A	A	B	B	B	B	B	C	C
A	管理者主任CM		役員会	会議									連絡会			医・会			連絡会						連絡会							
B	主任CM			会議									連絡会				地ケ会										勉強会					
C	4年目			会議													地ケ会								連絡会		勉強会					
D	2年目			会議												医・会			連絡会						連絡会		勉強会					
E	新任	研修	研修	会議	研修	研修							連絡会			医・会	地ケ会		連絡会						連絡会		勉強会					
F	事務員			会議																												
ケアマネジメント予定	契約	A・B						A・C							A・E							B・D										
	新規アセスメント		A・C		B							D				A・E				C				D								
	サービス担当者会議			A					B									D	A													
	モニタリング				B/D					A/C	B/C				A/C	B/C																
	カンファレンス					A				B	B/D							D														

指導者の養成

　新任職員の育成において重要なカギを握るのは、指導する先輩職員自身の成長と指導力です。事業所において、新任職員が、目指すべき介護支援専門員像として、1年後の自分、3年後の自分、5年後の自分を描けるようなロールモデルとしての存在となれることが望ましいでしょう。

① 2年目の経験の浅い職員

　2年目の職員は、1年前の新任職員だったころの自身を振り返り、新任職員の成長を願い、業務の基礎を伝えられるようになることが大切です。

② 3年目、4年目の職員
－地域での活躍、実践リーダーとしてのロールモデル

　3年経ってやっと一人前のケアマネジャーという評価があります。事例検討会を主催することができ、地域のネットワークづくりの輪も広げられるようになっている先輩として、ケアマネジメントプロセスを後進にみせる力を備えていることが望ましといえます。

③ 5年目－主任ケアマネジャーの資格取得ができる

　地域の実践リーダーとしてはもちろんのこと、ケアマネジメントの本質を理解し、良質なケアマネジメントの提供及び指導ができる、後進育成のためのスーパービジョンが実施できる、事業所の管理者として後進の育成ができる力量を備えていることが理想です。

　①～③に紹介したとおり、職員の経験（成長過程）をふまえ、新任職員の研修、OJTを担うことができるよう、管理者が計画を立て、それぞれの習熟度を確認していくことが大切です。新任職員に対する指導は、職員のそれぞれの成長段階における学びとなり、ステップアップの重要な機会となります。

① 同行訪問の意義

　実務を習得するには、テキストなどを通じて学んだ理論を、実際の現場で実践し、実践者として技術を身につけることが必要です。同行訪問では、管理者や先輩職員とともに、利用者の自宅やサービス担当者会議、主治医のクリニックなどを訪問し、管理者や先輩職員が行うアセスメントなどの様子を見学します。利用者とのかかわり方、利用者の生活の様子など、テキストからは学ぶことのできないものを、いわゆる"現場"を通じて、目にし、肌で感じて、その振り返りを行い、それまでに学んだ理論をふまえて自己の内に取り込み、そして自らの実践につなげます。その繰り返しによって、成長につながるのです。

② 介護支援専門員地域同行型研修の活用

　本章の冒頭で紹介した、介護支援専門員実務研修における「ケアマネジメントの基礎技術に関する実習」のほかに、実務者のための「介護支援専門員地域同行型研修」[*1]がしくみとして用意されています。

　「介護支援専門員地域同行型研修」は、実務者のスキル向上のために日本ケアマネジメント学会が開発したプログラムです。一定の実務を経験した介護支援専門員に対し、主任介護支援専門員（アドバイザー）による実習型研修を実施することにより、介護支援専門員の実務能力の向上及び主任介護支援専門員の指導力の向上を図ることを目的と

＊1　「介護支援専門員地域同行型研修の実施について」（平成27年4月1日老振発0401第1号）

しています。

　市町村を実施主体として行われており、事業所を越えて地域で学び合い、スキルアップ、人材育成のための研修として広く取り組みが進められています。

　「介護支援専門員地域同行型研修」は、初任者（原則として、実務に従事していて、就業後1年を経過した介護支援専門員）と主任介護支援専門員がペアとなり、受講者が提出する事例をもとに演習を行い、アドバイザーと受講者とでその視点を共有し、研修の目標を設定します。そのうえで、アドバイザーと受講者がそれぞれのケースのサービス担当者会議に出席するとともに、モニタリングのための訪問を通じて、受講者のサービス担当者会議における進行、調整、会議録作成に関する知識や技術、モニタリング、事後調整のあり方を学びます。受講者は、実務を通じて自身のケアマネジメントプロセスの確認ができ、実践者としてのスキル向上、目指すべき介護支援専門員像、ロールモデルの発見につながります。

　一方、アドバイザーである主任介護支援専門員は、ケアマネジメントプロセスの振り返りにより、自身の到達点と課題、また、スーパービジョンの効果について学びを深めることができると評価されています。

　管理者は、新任職員のみならず、事業所の職員それぞれの成長過程において、「介護支援専門員地域同行型研修」の導入、「介護支援専門員地域同行型研修」への参画を人材育成計画として位置づけることも有用です。

4　メンター制度

　メンター制度は、上司とは別の先輩職員を、新任職員の相談役として位置づけ、新任職員が気軽に相談ができるようサポートし、その組織への定着を図る取り組みです。比較的大きな組織で導入されることが多く、メンターには、組織として新任職員への関与の低い他部門の先輩があたることもあります。新任職員のロールモデルとなる人材を相談役にすることもあります。一方、支援を受ける立場の人を「メンティー」と呼びます。

　メンターとメンティーの関係には信頼関係が何よりも重要です。

3 Off-JTのしくみをつくる

OJTとともに、人材育成にはOff-JT（Off-The-Job Training）のしくみをつくることが欠かせません。

1 Off-JT の定義

Off-JT とは、職場から離れて事業所外の研修やセミナーなどを受講したり、事業所に講師を招いたりして、仕事に必要とされる能力を養うことをいいます。

2 Off-JTの意義

職場から離れ、講師を招いて講義形式の講習を開催したり、事業所外の研修を受講する機会を設けたりするケースが大半です。企業では採用後、ビジネスマナーに関する研修に新人職員を派遣する場合もあります。福祉業界でも、対人援助職としての基礎知識はもとより、社会人としてのビジネスマナー、サービスマナー、接遇などを学ぶための研修を育成計画に位置づけることも少なくありません。

介護保険サービスに関する苦情として、「従事者の態度」が上位を占める[2]ことも珍しくなく、新任職員の基礎教育として、顧客満足にかかわる知識やスキルは欠かすことのできないものといえます。

---

[2] 「東京都における介護サービスの苦情相談白書 令和2年版—令和元年度実績」によれば、サービス提供、保険給付に関する苦情1,644件のうち、「従事者の態度」323件（19.6%）で、「サービスの質」491件（29.9%）に次いで、第2位を占めています。

Off-JTは、専任の講師、スタッフによる研修であり、理論的で体系的な知識の習得が可能です。集合研修としてグループワークをとり入れることも多く、受講者同士の交流も意欲の向上につながります。Off-JTのテーマは、実務に直接かかわらないものも多く、多岐にわたります。Off-JTのテーマを紹介します（表7-6）。

表7-6　Off-JTのテーマ（例）

● コミュニケーション技術	● スーパービジョン
● 接遇	● 人事評価（人事考課）制度
● 個人情報保護	● 職業倫理
● ケアマネジメント	● コンプライアンス　　など

職場から離れて受ける研修は、専門の講師から理論を学ぶ機会として個人の基礎力の構築、モチベーションの維持、向上、成長への足がかりとして効果的です。

一方、講師の招聘、事業所外の研修への参加（派遣）には費用が発生します。職員を研修に派遣する場合、その内容や講師のスキルを事前に把握しておくことが難しい場合もあります。

ポイント

Off-JTのしくみをつくる場合、組織の取り組みとして位置づけます。研修体系の整備と併せて就業規則等に研修にかかる規程などを設け（表7-7）、人材育成の一環として、受講のための費用や交通費を、法人（事業所）が負担することを明らかにします。

研修規程に基づき、①年間の研修計画、②研修受講計画個人シート（人材育成管理表など）、③研修報告書、④研修の服務の取り扱い、⑤資格取得支援策（組織としての推薦要件等の整備）を整えます。

表7-7	研修にかかる規程に必要な条項等の例

第●章　研修

(研修)

第●条　職員の職務能率の増進及び職務遂行能力の開発のため、「○○○○職員の研修に関する規程」により、必要に応じて業務上の研修を行う。

(研修の目的)

第●条　研修は、職員に対し○○○○業務に携わるものとしてふさわしい人格及び教養を培わせるとともに、業務に必要な知識及び技能を習得させることを目的とする。

(研修の種類)

第●条　研修は、研修体系に基づき、年度ごとに研修計画を別に定める。

(研修命令等)

第●条　理事長は、職員のうちから必要と認めるものに対し、研修を受けることを命ずる。

Column

⋯ SD（Self Development）⋯

SD（Self Development）とは、自己啓発のことです。組織外の研修などに参加する、書籍を通じて学びの機会を得るなどのほか、業務に関連する資格の取得もこれにあたります。

法人（事業所）で研修を実施する、資格の取得にかかる費用を負担する、事業所外の研修や通信教育の情報を提供するなどは、組織によってSDを支援するしくみといえます。

事業所が実施するOJTやOff-JTに比べ、SDは職員の裁量が広く、研修の範囲や予算、参加方法を、職員が自由に選択することができます。eラーニングなどを利用すれば、時間を有効に活用できます。SDを支援するしくみを事業所が設けることによって、職員の学びに対する意欲を高められます。

一方、裁量が広い分、途中で挫折する可能性もあります。管理者が、職員が自らの学びの先にどのような姿を描くことができるのか示し、自己学習に対する職員のモチベーションにはたらきかけることが大切です。

4 人を育てる、定着させるための管理者の"仕事"

　介護支援専門員は、社会福祉士や介護福祉士をはじめとする福祉の専門職や、医師、看護師をはじめとする医療の専門職とは、資格取得までの経緯が異なります。介護支援専門員実務研修受講試験の受験には、介護福祉士や社会福祉士などの基礎資格と、一定の実務経験が必要です。新任職員といっても、介護支援専門員の場合、すでに社会人として働き、専門職としての経験を備えているのです。

　したがって、介護支援専門員の教育は社会人教育であり、生涯教育といえます。新任職員の受け入れは、そのスタートです。

　介護支援専門員として、意欲、やりがいをもち、将来にわたって研鑽を積んでいけるかどうかは、そのスタートが重要になります。

　新任職員が、成長段階に応じた学びのステップをふみ、目指すべき介護支援専門員像が描けるように、入職前の準備から、その研修体系やマニュアル等を整えることが重要です。

　人材育成を、制度として充実させるために、OJT、Off-JT、SDを組み合わせて、学びの体系を事業所で整える必要があります。Off-JTで学んだことをOJTで実践する、OJTとOff-JTを並行して実施するなど、成長段階に合わせた育成のしくみを整えることで、専門職としての介護支援専門員を育成することができます。

　対人援助のプロとしての介護支援専門員、良質なケアマネジメントの提供ができ、地域づくりに貢献できる人材を育成することは管理者としての重要な役割であり、社会的な責務といえます。

5 事業所におけるキャリアパスを明らかにする

　事業所におけるキャリアパスを明確にし、職員の成長の道筋を描くことも管理者の大切な役割です。一つの事業所におけるキャリアパスと複数の事業所や居宅介護支援以外の事業を運営する中規模以上の組織におけるキャリアパスの違いは、介護支援専門員の

キャリアにとどまらず、経営、マネジメント層へのキャリアパスが広がっていることといえます。

　ここでは、介護支援専門員のキャリアパスについて一つの例を紹介します。

　介護、高齢者福祉の分野では、資格を取得しながらステップアップし、キャリアを形成することが多いといえます。介護支援専門員の場合、例えば、介護福祉士として介護の、生活相談員（社会福祉士）として相談支援の現場で実務経験を積み、介護支援専門員の資格を取得します。その後、介護支援専門員として5年の経験を積み、主任介護支援専門員となります。法定の資格としては、主任介護支援専門員が到達点とされています。

　主任介護支援専門員は、人材育成（後進育成）、地域づくりを行いながら地域包括ケアの要となることが期待されています。

　ただし、資格を取得しただけで、ケアマネジメントの本質を理解し、質の高いケアマネジメントを展開できるスキルや、スーパーバイザーとしてスーパービジョンを実践できる力量が備わるわけではありません。専門職として常に自己研鑽を続ける必要があります。ソーシャルワークをより深く学ぶために、社会福祉士、精神保健福祉士などを目標にすることもキャリア形成の道となります。

Column

… 認定ケアマネジャー制度 …

　日本ケアマネジメント学会では、認定ケアマネジャー制度を立ち上げています。認定ケアマネジャー制度は、ケアマネジメントの専門性と社会的地位のいっそうの確立に資することを目的に、2003（平成15）年に創設されました。2016（平成28）年度から、主任介護支援専門員更新研修の受講要件に「認定ケアマネジャー資格」が加えられたことを受け、受講者が増えています。また、日本ケアマネジメント学会では、認定ケアマネジャーキャリアラダー制度を創設しています。

図7-2　介護支援専門員のキャリアパス

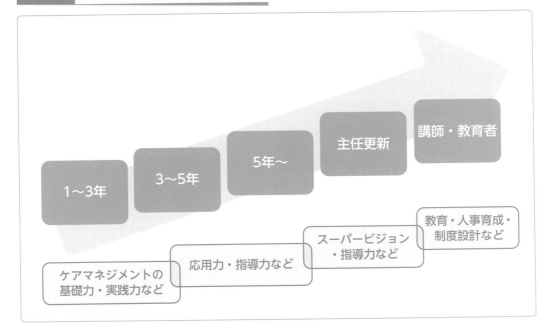

6　チームの形成に課題を抱える職員に向き合う

　人材育成のための管理者の仕事として、もっともエネルギーを使い、またもっとも力量が問われるのが、職員一人ひとりの能力を最大限に伸ばし、発揮できるようにはたらきかけるとともに、チーム力が高まるように導いていくことです。

　そのとき、チームになじめない、組織の方針を理解してチームの一員としての職務遂行に至らない職員がいる場合、どのように育成していくのか、大きな課題を抱えることになります。

　職員が、「人材→材料」ではなく、「人財→財産＝宝」として輝けるように、ただ一人の力も損ねないように、管理者としての力量が問われるところでもあります。

　職員が何を目標に、何をよりどころに日々の対人援助業務を展開していけばよいのか、事業所として、組織として「基準」が必要になります。

1 人事考課制度を規定する

　人事考課制度とは、職員の能力や勤務態度などを評価するしくみです。職員に対する公正な評価、適切な処遇を通じて、組織全体のモラールの向上に役立てます。 また、昇格や昇給、賞与の支払い、能力開発・人材育成などのさまざまな面で活用されています。

　人事考課制度を通じて、職員の組織の一員としての自覚を促すとともに、職員一人ひとりの業務における達成目標を定めて、個人の能力開発やキャリアの形成などに結びつくようなしくみをつくっていきます。

Column

…　モラールとは？　…

　モラール（morale）は、日本語では「士気」や「意欲」を意味しますが、組織の運営に向けた意欲、士気を指しており、組織目標達成に向けたものです。

　一方モチベーションは、個人の意欲を指します。

　人事考課制度を組織に位置づける（規定する）場合に、「モラール向上を図り、組織の人財の開発及び経営効率の向上に資すること」などを目的として明記するとよいでしょう。

　人事考課制度を規定し、しくみとして取り入れた場合、目的や運用について、職員が理解し、職員の間に浸透するように管理者としての指導が重要になります。

　制度に則り、職員それぞれが組織目標の到達に向けて個人目標を達成する、上司との面接を通して取り組みのプロセスも確認し、管理者が適切な助言を行うことなどで職員の意欲の維持、向上を図ります。

2 チームになじめないなど課題が大きい場合

　利用者に対する理解から対人援助はスタートします。職員についても同様で、プライバシーへの配慮、職員の人格の尊重を前提として、職員の業務に対する理解の程度や、行動にある背景を把握するなどの職員の理解に努めることが大切です。

　一方、スーパービジョン、メンタリング、コーチングなどの技術を活用しながら育成を試みても改善が望めないこともあります。例えば、①協調性に欠け職場秩序を乱す、②利用者・家族、関係事業者、関係機関などから苦情がたびたび出される、③たびたび事故を起こす、④事業所のほかの職員からの困りごと（その職員について）の訴えがたびたびある、⑤個人プレーが多く事業所及びケアマネジメントにかかわるチームの信頼が得にくい、⑥事業所、組織のルール、規則を守らないことがたびたびある、⑦職場で泣く、怒鳴るなど精神的に不安定で、周囲が精神的な疲労に陥るなど、組織人としての基礎的な力が不足している場合や対人援助職としての基本的な倫理が欠けていると思われる場合は、チームに不協和音が生じ、事業所としての信頼を損ねることにつながります。トラブルがあった場合は管理者として速やかに対応します（表7-8）。

　人事担当者（相談窓口）や社会保険労務士、弁護士などに相談しながら対応することも必要になります。

表7-8　管理者の対応

> ①　個別面談を行い、事実を確認する（本人、申し出た関係者等）
> ②　事実の確認と課題・指導について、法人（人事担当、場合によって弁護士等）と確認する
> ③　職場や法人のルール、規則にあわせて事実を示したうえで、指導を行い改善を求める
> ④　指導後の業務の遂行状況を観察し、定期的に面談する
> 　①〜④については、指導や面接の内容、指導後の経過などの記録を残しておきます。
> 　なお、指導の段階は、譴責・戒告、減給、出勤停止、諭旨解雇、懲戒解雇など、就業規則に則って行います。

　なお、職員指導が労働問題に発展することも少なくありません。事業所（法人）の方針、就業規則の周知がされていることを前提に、指導が適切に行われること及び指導記録の保存が欠かせません。

　利用者の尊厳と生活を守るために、対人援助職として基本倫理の遵守ができるケアマ

ネジャーの人材育成は、管理者としての責務です。対人援助職としての適性が保持できない場合を判断することも大切な役割になります。

8

連携のための管理者の"仕事"

① 市町村、地域包括支援センターと連携するしくみをつくる

1 地域ネットワークを構築する

　居宅介護支援事業所には、地域包括ケアシステムの構築や地域づくりにも、大きな期待が寄せられているといえます。ケアマネジャーは、個別支援の積み重ねから、地域に共通する課題を把握しやすい立場にあるといえ、その専門性を活かし、地域づくりへの貢献が求められているのです。

　居宅介護支援事業所の管理者には、そのリーダーとしての役割が求められます。地域包括支援センターと連携しながら、地域の課題を明らかにし、地域における支え合いのしくみである「地域ネットワーク」の構築にかかわっていきます。

　事業所の職員に、地域ケア会議や事例検討会、研修会、職能団体、医療や地域住民との連携会議などの地域のネットワークに参加することの重要性を伝え、地域を知り、地域との信頼関係を築いていくための事業所内のしくみをつくっていきます。

　こうした「地域ネットワーク」の構築に向けた取り組みは、いわゆる支援困難事例を担当したときの解決の糸口をみつけることにつながります。多くのフォーマルサービスやインフォーマルサポートとの出会いや交流により得た知識や技術、価値観は管理者としての力量を向上させてくれます。

　ケアマネジメント業務を通じて、自らの専門職としての価値を地域に還元していくことは、ケアマネジャーの大きな魅力の一つといえます。

2 地域を知る

　地域ネットワークの構築には、まずは、「地域を知る」ことが求められます。「地域を知る」ためには、表に示す情報を把握し、整理します（表8-1）。事業所でそれぞれの項目を調べる担当者を決め、勉強会を企画するなど、楽しみながら「地域を知る」場をつくっていきます。

表8-1　地域を知る

- 地域の人口、高齢化率
- 認定率
- 認知症有病率
- 一人暮らし高齢者の割合
- 産業形態
- 住宅事情
- 地域の歴史や文化、地域の社会資源
- 地域の職能団体の活動状況や研修会などの開催状況

　「地域を知る」は、ケアマネジャーとして、利用者のおかれている環境を理解するとともに、利用者の抱える課題の背景に対する理解を深めることにも通じます。そのほか、地域の歴史を知ることは、「現在の地域課題の深さや奥行き」の理解にもつながるといえます。

　また、「地域を知る」ことは、地域とのコミュニケーションを図る際の前提条件ともいえるものです。地域の基礎データについて理解を深めることで、会話が弾み、それまで知らなかった地域の実情を教えてくれる地域の関係者が多くいます。

　管理者が、事業所で、「地域を知る」「地域を知ろうとする」機会やしくみをつくっていくことが重要になります。

3　事業所の存在を地域に知ってもらう・地域との信頼関係を築く

　地域ネットワークの構築を目指すにあたっては、日ごろから地域とのコミュニケーションを深め、互いに信頼・協力し合える関係づくりを積み重ねていくことが大切です。

　地域の住民に、ケアマネジャーの役割を知ってもらい、事業所の存在を認識してもらえるよう行動していきます。相談があった場合は迅速に対応し、適切に情報や助言を提供し、ケアマネジャーとしての真摯な取り組み姿勢を通じて、事業所の存在を地域に知ってもらえるようにします。

　また、地域活動、地域貢献などに対する事業所や法人の考え方を整理し、事業所としてどのように地域と協働していくのか、管理者がリーダーシップをとって決めていきます。

8

連携のための管理者の〝仕事〟

… 地域で歌って踊れるケアマネジャー ──地域との信頼関係を築くこと …

　ケアマネジャーは、利用者のニーズを把握し、適切な社会資源と結びつけるのが仕事の一つです。地域の声を最も身近に聞き、地域に共通するニーズを知り、充足している社会資源、不足している社会資源を把握する存在です。地域の課題を理解している専門職、いわば、地域の代弁者といえます。

　その代弁者であるケアマネジャーだからこそ、（専門職として構えるのではなく）地域に暮らす住民と同じ目線で考え、行動できるようであること、つまり、地域の一員として、一緒に歌い、踊れるような、地域から愛されるケアマネジャー、居宅介護支援事業所を管理者は目指してほしいと思います。

　一人のケアマネジャーとして、そして一人の居宅介護支援事業所の管理者として、地域のためになにかできることはないかと考えるとき、「地域」という言葉を口にするとき、地域で「歌って、踊れる」ケアマネジャーになれているだろうか、職員がそんなケアマネジャーに近づけているだろうかと考えを巡らせてください。

4 個別地域ケア会議・事例検討会から地域ニーズや地域課題を明らかにする

　住み慣れた地域で、高齢者が最期まで暮らし続けるには、地域の支え合いのしくみが必要です。地域ケア個別会議は、個人の困りごとを、関係者や地域住民で検討し、解決に導くための会議です。また、個人に対する支援から、地域に共通する課題を抽出し、解決のために必要な地域の支え合いのしくみや社会資源の開発につなげていくことを目的としています。

　例えば、認知症が疑われるケースの相談があったとき、地域ケア個別会議で支援策を検討し、適切な支援に結びつけるとともに、地域で見守りや支え合いができる体制をつくるなど、最期までその人らしく地域で暮らし続けられるしくみを整えることができます。

　居宅介護支援事業所の管理者は、地域に共通する課題を明らかにするために、地域ケア個別会議へ、いわゆる支援困難事例などを積極的に提供していきます。また、ほかの法人が運営する事業者と共同で事例検討会などを企画・運営している場合は、検討結果

からみえてきた、地域に必要な支え合いのしくみや社会資源の開発について意見をとりまとめ、関係機関に発信していきます。

② 医療機関、介護サービス事業所、施設と連携するしくみをつくる

　地域には、その地域ならではの多種多様な社会資源があります。

　居宅介護支援事業所の管理者は、職員が地域にあるさまざまな社会資源と連絡・調整ができるよう、職員にはたらきかけるとともに、事業所として連携のしくみをつくっていきます。

1 地域の医療機関の情報を整理する

　医療機関の平均在院日数の短縮化に伴い、在宅で医療的な処置を必要とする利用者が増えてきています。また、住み慣れた自宅で終末期を迎えたいと希望する高齢者が多くなっており、ケアマネジャーが地域の医療機関や訪問診療医、訪問看護ステーションと連携する機会が増してきています。

　医療機関は、高度急性期、急性期、回復期、慢性期と機能分化が進んでおり、その医療機関の種別により、入院対象患者のレベルや平均在院日数は異なります。急な退院調整が必要になった場合でも、適切な連携を図るために、地域の医療機関の機能や連携窓口などの情報を事業所として整理することが必要です（表8-2）。

　また、医療機関の機能や診療科目、連携窓口などの基本的な情報のほか、医師の特徴（メールでの連絡を好む、電話での連絡は受けつけてもらえない、文書照会の際は事前に地域連携室へ電話連絡をしないと記載してくれない、受診同席を好むなど）、担当者の役職などを整理し、連携が円滑にすすむように、医療機関の情報を事業所として整理することが連携の第一歩といえます。

表8-2　あらかじめ整理しておく医療機関の情報

- ● 地域にある医療機関の機能や診療科目
- ● 入院対象患者や平均在院日数
- ● 入退院時の連携窓口

2 医療機関との連携に必須なビジネスマナーを教育する

　医療機関をはじめとする、地域における関係者・関係機関との連携にあたり、居宅介護支援事業所の管理者は、職員に基本的なビジネスマナーを指導・教育していくことが大切です。

　退院時のカンファレンスで30分以上にわたって一方的にケアプランの内容を説明し、「こちらの意見はどうでもいいのか！」と医師の不興を買う、事前の連絡もせず一方的に医師宛に文書を送り、「返信が届かない、手紙をちゃんと読んでいるのか。誠実な対応をしてほしい」と医療機関にクレームを申し出るなど、社会人として当たり前のビジネスマナーだけでなく、相手に対する気づかいや理解が足りないケースを目にしたり、耳にしたりすることがあります。

　医療機関に限らず、まずは、連絡した目的を明確にし、用件を端的に説明することが大切です。管理者は、職員がほかの機関と連携するにあたり、状況に応じて事前に電話などで連絡をしてから訪問する、自分だけの視点で発言しないなどの基本的なことから、要点を整理して質問をする、要点を絞って伝えるなどが当たり前にできるように、ふだんの業務を通じて指導・教育することが大切です。

3 入退院時の連携・連携後の状況をフィードバックするしくみをつくる

　入退院時の連携のしくみとして、入院時に、医療機関に伝達する必要のある情報を、あらかじめ整理したうえで、情報提供のための、定型化されたシート（地域の職能団体と医師会が作成した入院時情報連携シートなど）を整備しておきます。入院時に必要な情報には、例えば、利用者のADL・IADLの状況、生活環境、サービスの利用状況、入院に起因するせん妄、家族の連絡先、経済状況などがあります。

　一方、退院時には、退院後の生活を念頭におき、積極的に情報を収集するよう、職員に指導します。経験の浅い職員については、はじめのうちは、管理者や主任ケアマネジャーがフォローし、徐々に主体的に行動できるようにします。入院前と比べ、医療と介護の必要度がどう変化しているかなどに注目し、退院後の生活のリスクについても着目するよう指導します。

　そのほか、入退院時だけでなく、退院後の利用者の状況を、医療機関にフィードバッ

クすることの重要性についても考えていきます。

　利用者が入院していた医療機関の看護師やリハビリテーションスタッフ、医療ソーシャルワーカー（MSW）からは、「元気にしているかな?」「デイケアでリハビリを続けているかな?」「転んでいないかな?」など、退院に向けてともに頑張ってきた分、退院後の患者・利用者の生活の様子が気になるという声をよく耳にします。

　例えば、退院後の利用者の生活の様子を、利用者の承諾を得たうえで、医療機関に対しフィードバックするような取り組みを考えます。

　医療機関の側でも、患者・利用者の退院後の元気な姿や、目標に向けて努力している姿をみるのは、励みになるだけでなく、自らのケアの振り返りにもつながるでしょう。

　このような小さな積み重ねが、次の連携の布石となり、事業所の信頼関係の構築につながります。一方通行ではなく、その後の状況や連携の成果をしっかり相手に伝えていくことが重要です。

4　介護サービス事業所と連携するしくみをつくる

　ケアマネジメントを展開するうえで、地域の介護サービス事業所との連携は欠かせません。個別サービスの提供を通じて、利用者の状態の変化や新たなニーズの発生などを、タイムリーに伝えてもらえる体制を整備しておく必要があります。

　そのためにも、管理者が日ごろから、訪問介護事業所のサービス提供責任者や通所介護事業所、訪問看護ステーションなどと積極的にコミュニケーションをとる機会を数多くもつように努めていきます。

　また、事業所として担当するすべてのケースの進捗状況を、職員全員で共有できるようにし、急な連携が必要になった場合でも対応できるよう、事前に大まかな対応方法を定めておき、担当ケアマネジャーが休暇などで不在の場合でも、スムーズな連携ができるようなしくみづくりを整えておきます。

　また、地域の介護サービス事業所のサービスの提供状況や長所、特徴などを事業所として集めておき、必要に応じて利用者に提供できるようにします。

… 介護サービス事業所との連携 …

　支援にあたっては、介護サービス事業所から、タイムリーに連絡をしてもらえる体制を整えておくことが重要です。

　例えば、通所介護の生活相談員が利用者の状態に変化を感じ、担当するケアマネジャーに電話をしたところ、相手は不在で、3日後に折り返しの電話連絡があったというようなことが続けば、介護サービス事業所との連携、ひいては事業所としての信頼にも影響します。多くの場合、電話を受けた別の職員が伝達するのを忘れ、担当ケアマネジャーへの連絡が遅れたなどが原因です。

　このようなことが起きないよう、例えば、週1回の会議（特定事業所加算算定事業所には必須の会議）で、事業所として担当しているケースの進捗状況を共有するなどして、担当介護支援専門員がいない場合でも対応できるようにします。

　このほか、例えば、緊急の場合は管理者や電話を受けた職員が担当ケアマネジャーの代わりに対応する、携帯電話のショートメールを利用するなど、急な対応が必要になる場合を含め、事業所として確実に対応し、介護サービス事業所の支援に影響がでないように配慮します。

… ケアマネジャーに求められていること …

　利用者だけでなく、介護サービス事業所や医療機関に対してもケアマネジャーの満足度についてアンケートを実施している事業所があります。介護サービス事業所や医療機関の生の声を聞き、連携に活かしているといいます。

　また、そのアンケートでは、「ケアマネジャーに求めること」を尋ねており、その結果からは、「気軽に相談できる」「フットワークが軽い」などが、介護サービス事業所からケアマネジャーに求められていることであることがわかったそうです。

　居宅介護支援事業所と施設がネットワークを構築し、地域の高齢者の生活を支えていくことがますます重要となってきています。居宅介護支援事業所の管理者は、リーダーとして、地域の施設との横の連携を構築し、在宅から施設、施設から在宅へ、利用者が生活の拠点を円滑に移行できるよう支援していくことが求められます。

　在宅から施設、施設から在宅へと、利用者がその生活拠点を円滑に移行できるよう支援するには、施設との横の連携が大切になります。

　それにはまず、地域にある施設や、高齢者の住まいについて、細やかな情報の収集が必要です。高齢者の住まいについては、有料老人ホームをはじめ、サービス付き高齢者向け住宅など、多様なサービス形態が混在しています。

　施設や高齢者の住まいの特徴、長所やメリット、人的・物理的な環境、併設しているサービス事業所、母体の法人、提携医療機関、地域の評判や入居者（家族）の声などの情報を収集し、事業所として整理することが連携の一歩です。また、自ら直接、施設に足を運び、その雰囲気を肌で感じることが大切だといえます。

　成功事例を積み重ねることで、平時から施設との連携を円滑に図ることができます。また、認知症カフェや認知症の勉強会など、管理者から積極的に連携につながる企画を提案するなどもできます。

③ 地域の社会資源と連携するしくみをつくる

　地域には、その地域特有のさまざまなインフォーマルサポートがあります。高齢者世帯の増加や地縁関係の希薄化などにより、昔ながらの住民同士の支え合いの文化やインフォーマルな社会資源は減少しつつあるかにみえます。しかし、地域貢献や社会貢献をしたいという地域住民も少なくありません。

　地域の自治会、老人会、民生委員活動、地域住民の自主的なサークルやサロン活動、福祉推進活動、多様なボランティアグループ、NPO、地域の商店街や企業の活動なども、インフォーマルサポートとして、連携できる可能性があります。

　特に認知症の人に対する支援は、地域住民の理解と地域の活動が非常に重要になります。「点」として一つひとつの社会資源の力で支えていくだけでなく、地域全体の「面」

として支えていけるような地域のネットワーク構築を目指していくには、居宅介護支援事業所のケアマネジャーの力が必要です。

　ケアマネジャーが十分に力を発揮するためにも、管理者は、地域にある社会資源の情報を集め、事業所として整理し、常に更新していくしくみをつくりあげていかなければなりません。

④ 虐待を防止するために連携するしくみをつくる

　ケアマネジャーは、一連のケアマネジメントプロセスの展開を通じて、高齢者虐待を発見しやすい立場にあります。また、支援の過程で、利用者を代弁したり、適切な介護技術の伝達を通じて介護者の介護負担を軽減したり、認知症や精神疾患に対する理解を深めるためにはたらきかけたりといった取り組みを通じて、高齢者虐待を予防・防止できる立場にもあります。

ケアマネジャーは、高齢者の福祉に職務上関係のある者として、高齢者虐待を発見しやすい立場にあることを自覚し、高齢者虐待の早期発見に努めなければなりません（高齢者虐待の防止、高齢者の養護者に対する支援等に関する法律（高齢者虐待防止法）第5条第1項）。

　居宅介護支援事業所の管理者は、事業所のケアマネジャーが高齢者虐待を発見した場合に、速やかに市町村の高齢者福祉担当部署や地域包括支援センターと連携できるよう、市町村の虐待防止・対応マニュアルを確認しておきます。また、あらかじめその手順などを明らかにするなど、事業所としてマニュアルを用意しておくことが望ましいといえます。

　また、障害者虐待の防止、障害者の養護者に対する支援等に関する法律（障害者虐待防止法）や配偶者からの暴力の防止及び被害者の保護等に関する法律（DV防止法）など、周辺領域の知識も必要になります。管理者には、法的根拠をもった支援の基盤をつくることが求められるのです。

1 事業所における高齢者虐待防止・対応マニュアルの内容

事業所で作成するマニュアルには、次の内容を盛り込みます（表8-3）。

表8-3 　虐待防止・対応マニュアルの内容

- 高齢者虐待を発見した場合の対応の手順（フローチャート）
- 市町村に対する通報、情報提供の方法
- 事業所における情報共有の方法、サポート体制
- 障害者虐待、児童虐待、配偶者からの暴力を発見したときの対応方法

　手順（フローチャート）は、基本的な流れを、A4の用紙1枚程度でシンプルにまとめます（図8-1）。

　足りない部分は、別に作成し確認できるようにします。誰が、どのようなときに、どのような手順で行動するのか明確にすることが重要です。

　フローチャートの作成によって、職員目線の小さな気づきを大切にしようとする雰囲気が事業所に生まれ、職員一人ひとりが虐待の疑いやわずかなひっかかりなどを、ほかの職員と共有することができるようになります。

図8-1　高齢者虐待・対応フローチャート

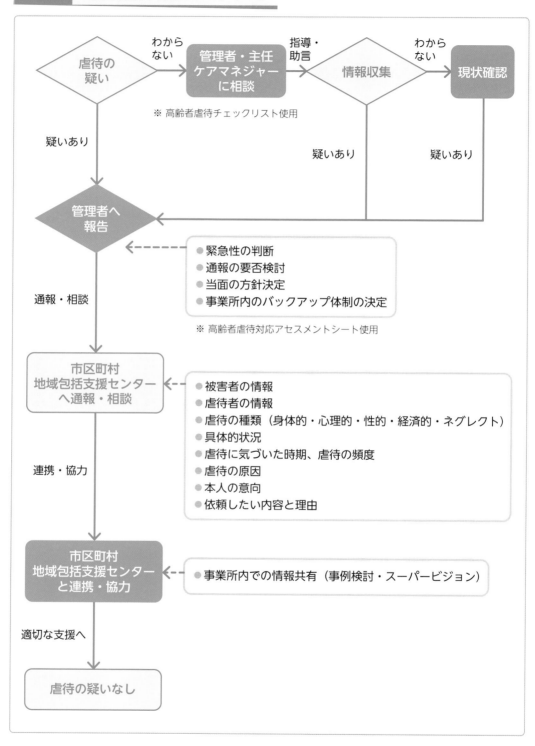

2 高齢者虐待防止・対応マニュアルの作成のポイント

① 高齢者虐待を疑ったときの報告・相談方法を明らかにする

　高齢者虐待では、意図的に苦痛を与えている場合だけでなく、介護者が介護に対する知識が不足している、介護によるストレスなどにより、意識せずに苦痛を与えている場合もあります。また、家族、介護者本人もそのことに気がついていない場合もあり、発見が遅れることも少なくありません。そのため、高齢者に対する虐待に早期に気がつくよう、ふだんから留意するしくみづくりが必要です。

　担当するケアマネジャーが虐待を疑ったときに、一人で抱え込まずに管理者や主任ケアマネジャーに相談ができる体制を事業所として整備します。担当ケアマネジャーが「本人が誰にも伝えないでといっているし、もう少し様子をみよう」などと判断せずに、管理者や主任ケアマネジャーに気兼ねなく相談ができる体制の整備が必要です。一人で解決しようとするあまり、対応が遅れ、事態が複雑になる場合もあります。事業所として、報告・相談する方法を明らかにし、適切な支援につなげていけるようなしくみをつくります。

　実際には誰がみても、一目で「虐待がある」と判断できる場合よりも、「もしかしたら、虐待かも…」と疑いを抱く場合のほうが多いでしょう。その疑いを抱いた職員の小さなひっかかりを、事業所として、どれだけ大切にできるかが重要になります。

　職員のなかには、自分の感じた小さなひっかかりをうまく表現できない場合や、言語化できない場合があるかもしれません。職員のその様子を察し、ひっかかりを言葉にするよう促したり、一緒に言語化したりすることは、管理者や主任ケアマネジャーに求められている大切な役割の一つです。

　マニュアルをつくったから、または相談するルールがあるから終わりではなく、事業所のリーダーとして、職員が感じた小さなひっかかりを表現できる関係性をふだんから築いているか、管理者やほかの職員に気軽に相談できる事業所の雰囲気がつくられているか、利用者に対する権利侵害を見て見ぬふりする雰囲気がないか、管理者自らが確認することが大切になります。

8

連携のための管理者の〝仕事〟

② 市町村・地域包括支援センターへの情報提供方法を明らかにする

　高齢者虐待防止法では、高齢者虐待の発見者に通報義務が課せられています。高齢者虐待を発見した場合の、事業所として通報すべき項目や内容を整理し、正確に情報を提供する必要があります。実際に虐待を発見した場合、事態の整理が追いつかずに、職員自身が動揺してしまい、適切な情報の提供ができない場合も少なくありません。一方で、専門職として、状況を正確に伝える必要があります。あらかじめ、市町村や地域包括支援センターへ通報すべき項目や内容を整理しておくことで、落ち着いて通報することができるようになり、通報を受けた相手も状況を明確に理解することができます。

　例えば、表8-4のように通報すべき内容を、事業所として取り決めておきます。情報を整理することで、利用者のおかれている状況を客観的にとらえ直すこともできるようになります。

表8-4　通報すべき内容
● 被害者の情報
● 虐待者の情報
● 虐待の種類（身体的・心理的・性的・経済的・ネグレクト）
● 具体的状況
● 虐待に気づいた時期、虐待の頻度
● 虐待の原因
● 本人の意向
● 依頼したい内容と理由

③ 事業所における教育体制、情報の共有、サポート体制を明らかにする

　高齢者虐待の対応にかかわる職員の負担を軽減するために、職員がどのようなことに悩んでいるのか、どのようなことを負担と考えているのか、管理者が確認し、事業所全体でサポートしていきます。虐待対応とケアマネジャーとしての業務は車の両輪です。担当する職員を事業所全体でバックアップし、利用者の権利擁護と生活の両方を支援していきます。

　高齢者虐待の対応がはじめてのケアマネジャーもいれば、難しいケースを何度も経験しているケアマネジャーもいます。また、関係機関との連携に苦手意識をもつケアマネジャーもいれば、連携を得意とするケアマネジャーもいます。

虐待対応では、時に自らの目を疑うような場面に遭遇することもあります。また、予測できないことが連続して起こることもあります。「担当だから」と、一人のケアマネジャーに任せるのではなく、事業所が担当しているケースとして事業所全体で適切な支援に結びつけていけるようかかわっていくことが重要です。担当するケアマネジャーの心理的負担を軽減し、もっている力を十分に発揮するためにも大切なポイントです。

　管理者は、職員の経験や得手不得手を考えながら、先輩ケアマネジャーや主任ケアマネジャーなどのサポート役を決め、管理者自らも最優先にして対応します。

　また、虐待対応を、事業所における教育の素材として活かしていくことも可能です。事例検討を行い、虐待を未然に防ぐ方法を具体的に考えたり、スーパービジョンを通じてケアマネジャーとして課題を考えるきっかけにしたりすることができます。

　「利用者本位」という最も大切な原則を改めて確認するきっかけにしたり、「倫理観やコンプライアンスを高めること」「利用者の心身状況を丁寧にアセスメントしていくこと」「背景にある精神疾患や認知症に伴う行動や心理症状の理解」「家族理解」などについて学び、ケアマネジメントの質の向上につなげたりすることもできるでしょう。

　具体的にどのようにして、職員の学びにつなげていくか、事業所の主任ケアマネジャーとともに考えていくとその効果が高くなります。時には事例に向き合うことが苦しくなる場合もあるかもしれません。一方で、自らの支援を振り返り、自分たちで「考える」ことで多くの学びが得られることも事実です。また、虐待対応を通じて、事業所としての"まとまり"が生まれてきたり"チーム力"が高まってきたりすることにもなります。管理者も一人で抱え込まず、自らもスーパービジョンを受けるなどし、自身の成長につなげられるとよいでしょう。

　そのほか、職員のストレスについても見逃すことはできません。虐待対応にあたっては、職員は大きなストレスを抱えます。管理者として、担当する職員のストレスや心理的な負担感などを把握するとともに、上司や先輩・同僚が積極的に声をかけ、心の奥の混沌とした感情や葛藤を表出できるような配慮も必要になります。場合によっては、担当する職員が、管理者や主任ケアマネジャーの前で悔しさや自分自身の対応への憤り、不甲斐なさなどから涙をみせる場面もあるかもしれません。その際は、一緒に感情を整理し、支援者として「今」すべきことをともに考えます。

　一方で、虐待対応は、見方を変えれば（俯瞰的にとらえると）、職員との信頼関係を築くよい機会として、また、事業所の団結力を強める機会としてとらえることもできます。

利用者と職員を第一に考え、管理者として「凛」とした姿勢でその対応にのぞむことが必要です。

参考文献

- 白澤政和『地域のネットワークづくりの方法―地域包括ケアの具体的な展開』中央法規出版、2013年
- 白澤政和『ケアマネジメントの本質―生活支援のあり方と実践方法』中央法規出版、2018年
- 中田亨『「マニュアル」をナメるな！ 職場のミスの本当の原因』光文社、2019年
- 白澤政和、岡田進一、川越正平、白木裕子、福富昌城編『介護支援専門員現任研修テキスト　第4巻 主任介護支援専門員更新研修 第2版』中央法規出版、2019年

9

事業所経営のための
管理者の"仕事"

事業所を経営するには、事業所を取り巻く内外の環境変化や経営者自身の成長に伴って事業所自体が変化、発展、成長していくことが重要です。経営には、①継続性、②営利性が求められます。経営者の代行者である管理者は、これらを念頭におき、仕事をすることが必要になります。

① 継続性

継続性は経営の本質であり、目的でもあります。経営者は、社会的な責任として、事業所の安定的な発展を任されています。

② 営利性

営利性とは、事業所が一般の企業のようにお金を儲けることをいいます。医療や介護に携わっている人のなかには、お金を儲けることに対して否定的な考えをもつ人もいます。しかし、赤字が続けば、事業所の継続が困難になります。営利の追求は経営本来の目的である継続性を達成するための二次的な手段となります。

本章では、事業所が十分に機能しているかどうか、バランスよく成長しているかどうか、利益を得る経営をしているかどうか、将来にわたり存続できるかどうか、経営管理の鍵となる指標について解説します。

1 事業所経営の鍵となる指標（機能性）を理解する

1 稼働率

稼働率とは、事業所が担当可能な利用者の数に対し、実際にどの程度の割合で利用されたかを示す指標です。担当件数（請求ベース）を、担当可能な件数で除して（割って）算出します（図9-1）。

一人のケアマネジャーが担当可能な件数は原則35件とされています。ただし、減算規定は40件なので、分母は35または40となります。事業所において、担当可能な利用者数を設定する必要がありますが、多くの事業所が、35件と設定していると考えられます。

要支援者についても、3件で1件とカウントするように事業所で基準を設定する必要があります。

図9-1　稼働率

$$\frac{担当件数（請求ベース）：要介護者＋（要支援者×1/3）}{35（または40）}×100（\%）$$

　稼働率は事業所経営において重要な指標の一つです。稼働率は収益そのものに関係します。人件費などの固定費が多い居宅介護支援事業所は稼働率が一定の水準を下回ると一気に赤字経営に陥ります。したがって、管理者は稼働率の目安や目標を定めて常に注意を払う必要があります。

　稼働率が90％以上あれば良好、80％未満は心もとない状況と判断します。

2　加算

　2006（平成18）年の介護報酬改定は、居宅介護支援事業所の経営に大きな影響を与えました。2006（平成18）年以前は、ケアマネジャーの標準担当ケアプラン件数は50件でしたが、経営的に十分とはいえず、実際はそれ以上の件数を担当せざるを得ない状況でした。このような状況に対して厚生労働省は業務の実態を適切に反映するため（一人の利用者にケアマネジャーが十分な手間をかけられるよう）、標準担当件数を50件から35件に引き下げました。一方で、標準担当件数が40件以上の場合は報酬単価を大幅に引き下げる「逓減制」が導入されました。

　「逓減制」の導入により、多くの事業所が赤字に転落することとなるため、同時に「特定事業所加算」が創設されましたが、利用者のうち要介護3〜5の占める割合が60％以上であることなど、算定のためのハードルが高いことが影響し、特定事業所加算の算定率は極めて低い状況でした。そのため、多くの事業者は居宅介護支援以外の介護サービスで赤字を補填するか、居宅介護支援事業者単独での経営を断念せざるを得ない状況となりました。

　その後、特定事業所加算は、2009（平成21）年の介護報酬改定で2段階に、2015（平

成27）年の改定では3段階に、2018（平成30）年の改定では4段階になり、2021（令和3）年の改定では事業所間連携により連絡・相談体制を確保している場合などが評価され、特定事業所加算(I)・(II)・(III)・(A)になりました。

　2006（平成18）年の改定以降、利用者のうち要介護3〜5の占める割合が40%以上にまで引き下げられましたが、2019（平成31）年4月審査分の請求事業所のうち、特定事業所加算を算定している事業所の割合は特定事業所加算(I) 1.05%、(II) 17.43%、(III) 10.69%であり、算定が困難な状況が続いています。その理由は、要介護認定者数に占める中重度の割合がそれほど高くないことやケアマネジャーの配置基準をまかなえないことが示されています。

② 事業所経営の鍵となる指標（安全性・収益性）を理解する

1 決算書の理解

　決算書とは、正式には財務諸表と呼ばれ、①貸借対照表、②損益計算書、③キャッシュ・フロー計算書の3つを合わせて財務三表といわれます。

　貸借対照表は事業所がどのようにして資金を調達し何に使っているのかを表しています。損益計算書は事業所がどの程度お金を稼いで（収益）、稼ぐためにどの程度お金（費用）を使って、その結果いくら儲けたか（利益）を表したものです。キャッシュ・フロー計算書は、現金（キャッシュ）の動き（フロー）を表しています。

2 決算書の作成目的

　決算書の作成には2つの目的があります。

　1つ目は、経営者自身がある期間の経営活動の成果としてその資産の状態（財政状態）と収益の状態（経営成果や資産の状態）を把握し、経営の指針とすること（内部的報告目的）です。

　2つ目は、一般投資家や行政機関に対して報告するための財務報告目的（外部的報告目的）です。ここでは、経営者自身が経営の指標を理解するための見方を解説します。

① 貸借対照表

❶ 貸借対照表とは

貸借対照表とは、ある時点において、どこからいくら資金を調達しているのか、その資金を何に使っているのかという財政状態を表したものです（図9-2）。

貸借対照表は、「資産」「負債」「純資産」の3つの大きな柱から構成され、どこからいくら資金を調達（負債＋純資産）しているのかを右側に、その資金を何に使ったか（資産）を左側に表示します。右側は、資金の調達先（どこから資金を調達したか）によって、純資産（自前で調達した資金）と負債（借金など他人から調達した資金）とに分けられます。

総資産と調達分（負債＋純資産）が同じ金額になる（バランスする）ことから、「バランスシート」とも呼ばれます。

図9-2　貸借対照表の考え方

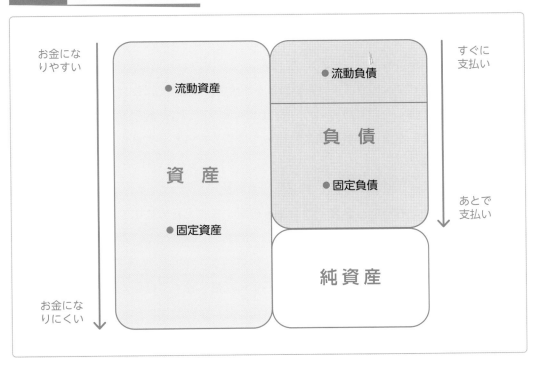

表9-1　資産・負債・純資産

> **総資産＝負債＋純資産**
>
> 資　産：現金や建物・土地など。「流動資産」と「固定資産」に分かれます
> 負　債：借金など他人から調達した資金。「流動負債」と「固定負債」に分かれます
> 純資産：自前で調達した資金。資産から負債を引いた差額で、自己資本とも呼ばれます。純
> 　　　　資産は流動負債や固定負債と異なり、返済の必要がない資金なので、純資産がどれ
> 　　　　だけあるかが会社の健全性を判断する重要な指標になります

❷ 貸借対照表をみる際のポイント①（右下でバランスをみる）

右下の「純資産」の合計金額をみます。その金額には大きな意味があります。

純資産が小さい場合は、資産の大部分を借金でまかなっている状況です（図9-3の②）。純資産がマイナスになっていれば、「超過債務」といわれる、資産よりも負債が大きく、非常に危険な状態です（図9-3③）。その時点で保有する資産をすべて売り払って現金化しても、借金などの負債を返済することができない状態です。

逆に、純資産が負債を上回っていれば（図9-3①）、資産の大半を自己資金（自前）でまかなっている状態です。負債より純資産のほうが大きければ大きいほど安心といえます。

このように、返済しなければならない負債と返す必要がない純資産の金額を比較することによって、その事業所が資金調達に困っているかどうかが大体わかります。

❸ 貸借対照表をみる際のポイント②（自己資本比率）

貸借対照表では、右側で「資金」の調達を確認することが大切です。事業所がどこからいくら資金を調達してきたかを、貸借対照表の右側が表しています（図9-2）。貸借対照表の右側には「負債の部」があります。「負債の部」とは、事業所の「借金」です。借金は、文字どおり借りたお金ですから、いずれ返済しなくてはなりません。代表的なものは、銀行からの借金や仕入れ先のツケ（買掛金）などです。

これに対して「純資産の部」は、返す必要のないお金です。具体的には資本金や事業所がこれまで稼いできた利益（利益剰余金）になります。

いずれ返さなくてはならない「負債」より、返す必要のない「純資産」の多いほうが、安全ということになります。その安全度をはかる指標の一つが「自己資本比率」です（図9-4）。

図9-3 貸借対照表から事業所の健康状態を診断

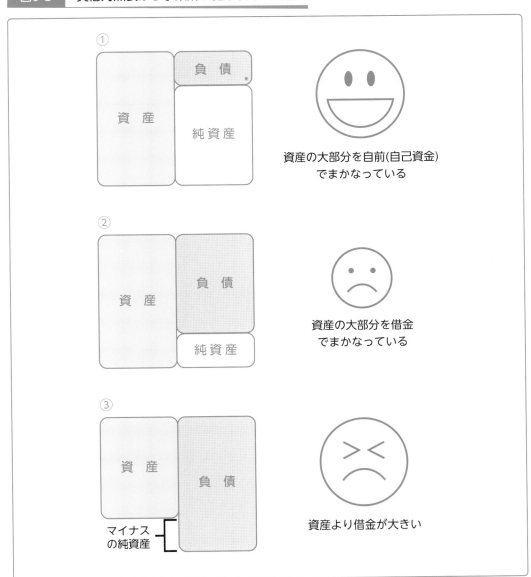

① 資産の大部分を自前（自己資金）でまかなっている

② 資産の大部分を借金でまかなっている

③ 資産より借金が大きい

図9-4 自己資本比率

自己資本比率＝純資産の合計金額÷(負債の合計金額＋純資本の合計金額)(%)

　自己資本比率は、調達金額のうち、返す必要のないお金(純資産)の割合を示しています。自己資本比率が30%以上あれば、良好と判断します。20%台は欲しいところで、10%以下は心もとない状況です。

◆ 貸借対照表をみる際のポイント③(流動比率)
　貸借対照表の3つめのポイントは、右側から左側に「運用」をみることです。
　貸借対照表の左側には、「資産の部」があり、集めてきた資金を何に使っているのか、その「運用」を表しています。
　「資産」は、お金にしやすいものから順に並んでいて、「流動資産」と「固定資産」とに分かれます。「流動資産」は1年以内にお金にできる資産で、現金、預貯金、未収金などをいい、「固定資産」は1年以上の期間を過ぎてお金にできる資産で、建物、土地、車両などをいいます。
　一方、右側の負債は、早く支払わなければならない順に並んでいて、「流動負債」と「固定負債」とに分かれます。「流動負債」は1年以内に支払いが必要な仕入れ先のツケ(買掛金)や支払手形、短期借入金などをいい、「固定負債」は1年以上後に支払うもので長期借入金、長期リース債務などをいいます。1年以内に支払う必要があるかどうかによって、「流動負債」と「固定負債」とに分かれます。
　ここでのポイントは流動資産と流動負債のバランスです。事業所は毎日さまざまな支払いが必要になります。1年以内に支払いをしなくてはならない流動負債に対して、1年以内にお金にできる流動資産がどのくらいあるかを知ることによって、事業所に支払い能力があるかどうかがわかります。その指標を、流動比率といいます(図9-5)。

図9-5 流動比率

流動比率＝流動資産÷流動負債(%)

流動比率は、200%以上、つまり、支払い義務に対し2倍の支払い手段をもつことが理想とされていますが、120 %から150%が安全性の目安とされています。支払い手段が確保できる、100%以上は必須となります。

❺ 貸借対照表をみる際のポイント④（現金預金の金額）

　貸借対照表の左上には事業所の現金預金が記載されています。どれだけの現金をもっているかがわかります。

　必要な現金預金として、平均月商（年間の売上高÷12か月）の何か月分の現金預金があるのかを確認します。現金預金は、平均月商の1か月分以上が必須です。2か月が安全性の目安となり、不測の事態を考えると3か月分が理想です。

② 損益計算書

❶ 損益計算書とは

　損益計算書とは、事業所が一定期間（1か月、半年、1年）にどのくらいお金を稼いで（収益）、稼ぐためにどのくらいお金を使って（費用）、その結果いくら儲けたか（利益）を表したものです。収益、費用、利益の関係は次のとおりです（図9-6）。

図9-6	収益・費用・利益の関係

収益－費用＝利益

　損益計算書は、収益、費用、利益を上から順番に並べたものです（図9-7）。事業所がお金をどのようにどれくらい稼ぎ、そのためにお金をどのようにどれくらい使い、その結果、儲けがどのくらいあったかを確認することができます。

図9-7　損益計算書

本業	介護収益	×××
	介護費用	×××
	介護利益	×××
本業以外	介護外収益	×××
	介護外費用	×××
	経常利益	×××
臨時的	臨時収益	×××
	臨時費用	×××
	税引前当期純利益	×××
	法人税、住民税及び	
	事業税負担額	×××
	当期純利益	×××

ふだんの活動
＝
『本当の力』
がわかる

❷ 損益計算書の読み方

○ 介護収益（売上高）

　介護収益には、本業である介護報酬による収入、要介護認定調査料等があります。

○介護費用（販売費及び一般管理費）

　給料、通信費、水道光熱費、広告宣伝費、保険料、支払利息、支払家賃、減価償却費等です。

○介護利益（営業利益）

　介護利益は、ケアプラン作成などの本業でどれだけ儲けたのかを表しています。介護収益より介護費用が多い場合は介護損失（営業損失）といいます。

○介護外収益（営業外収益）

　本業以外の活動で借入金や補助金、受取利息等の収益があります。

○介護外費用（営業外費用）

　金融機関等に支払った借入金額の利息などの、本業以外にかかった費用です。

○経常利益

　経常利益とは、本業と、本業以外の活動で得た利益のことを指します。略して「経常（けいつね）」と呼ばれ、事業所がどの程度、利益を生み出しているのかを示します。

に、随時、評価を行います。このような管理者のはたらきかけによって、職員は自ら
が利用者のためにできることを探り、その実現に向けた計画などの立案ができるよう
になります。

② 利用者満足度アンケートの調査項目の例を表9-2に示します。

③ 利用者の多くは、介護事業所の職員に不快な思いをさせれば、自身が不利な立場に
おかれてしまうことを心配して本音をいわないものです。アンケート調査では、その
ことを認識する必要があります。

④ 調査の結果、高い評価が得られても、その結果をすべての利用者の意見とは考えず
に分析することが必要です。

⑤ 利用者の本音を集めるのは容易ではありません。自由回答欄やヒアリング、第三者
の活用が必要な場合があります。

⑥ 調査点数に一喜一憂するのではなく、不満や困りごと、要望をいかに集められるか
が重要です。

⑦ 自身の事業所だけの調査結果では客観的な評価が難しいと思います。ホームページ
などでほかの事業所の分析結果と比較することで、自身の事業所の満足度が低い項目
がわかり、課題の優先順位を検討しやすくなります。

⑧ 1回の調査だけで満足せず、アンケート調査の改善を重ね、続けて評価することが
大切です。

表9-2　利用者満足度アンケートの調査項目

契約時の説明	○ 契約書や重要事項説明書について 　例：ケアマネジャーの役割やサービスの利用方法、契約についてわかりやすく説明を受けましたか ○ 介護保険サービスと介護保険外サービスについて 　例：利用する介護保険サービスの料金やサービスの内容、介護保険外サービスの費用についてわかりやすく説明を受けましたか ○ 介護保険制度について 　例：介護保険被保険者証や要介護認定についてわかりやすく説明を受けましたか ○ 苦情、個人情報について 　例：苦情を受けつけたり相談に応じたりする窓口の連絡先についてわかりやすく説明を受けましたか
サービス内容	○ 本人、家族の意向について 　例：ケアマネジャーは、ケアプランを作成するときに、あなたや家族の思いを聴いてくれましたか

	○ 介護保険サービス事業所の紹介 　例：ケアマネジャーは、サービスを提供する際、複数の事業所を紹介してくれますか ○ アセスメントからプラン作成について 　例：ケアマネジャーは、あなたの体調や困りごと、あなたがやりたいことに合わせてケアプランを作成してくれますか ○ モニタリングについて 　例：ケアマネジャーの定期的な訪問はありますか。また、急な出来事が起こったときに対応してくれますか
担当者	○態度について 　例：ケアマネジャーの名前はご存知ですか 　例：ケアマネジャーの言葉遣いや態度は適切ですか ○気配りについて 　例：ケアマネジャーはあなたのケアプランを作成する際、あなたの気持ちを大切にしてくれますか ○迅速な対応について 　例：ケアマネジャーはあなたの相談に対して、すぐに対応をしてくれますか ○時間管理について 　例：ケアマネジャーは、約束したとおりに訪問したり、必要な手続きを行ったりしてくれますか
事業所の体制	○休日や時間外の対応について 　例：営業日や営業時間、休日や時間外の対応についてわかりやすく説明を受けましたか ○連絡体制について 　例：必要な時、すぐにケアマネジャーと連絡が取れますか ○電話対応について 　例：事務員やケアマネジャーは気持ちよく対応してくれますか

2　利用者の受付行動別マーケティング情報の活用

　利用者を獲得するためのマーケティングには、あいさつ回りの営業やホームページの見直し・改善、講演会の開催など多くの手段がありますが、これらの取り組みによって必ず利用者が増えるかというと、そうではありません。

　例えば、知名度があるにもかかわらず利用者が増えない場合は、事業所の特徴が正しく伝わっていなかったり、事業所の受付に問題があって、紹介された利用者を待たせてしまったりしているのかもしれません。あるいは管理者が新規利用者を担当するよう事業所のケアマネジャーに依頼する場合、依頼されたケアマネジャーが担当件数が増えることを嫌がると察して、管理者がほかの事業所を紹介してしまっていることなども考え

られます。

　利用者獲得やマーケティングを強化する場合、まずは自身の事業所の現状を認識し、その分析にもとづいて対策を講じる必要があります。

　例えば、利用者の受付行動ルート別に行動を分析する（図9-17）ことで、事業所の課題を明らかにし、対策を立てることができます。

　居宅介護支援事業所の受付行動ルートには、①利用者本人及びその家族から相談があった場合、②行政窓口、地域包括支援センター、医療機関や介護サービス事業所からの紹介があった場合の2つがあります。

　それぞれのルートについて、介護・医療「市場」から、また事業所の「認知度」や「新規利用者数」から、情報収集と分析を行い、新規利用者の獲得につなげます。

　圏域の高齢者人口、要介護認定者数、日常生活圏域ニーズ調査結果などの「市場」については介護保険事業計画や老人保健福祉計画といった、公の情報を活用することでその動向を把握することができます。圏域の要介護認定者数の推計や二次予防事業対象者数の推計から、新規利用者の出現率を把握します。また、地域医療構想や医療計画などを活用することで、連携している医療機関の病床機能を把握することができます。ケアマネジャーが、連携先の医療機関の役割（病床機能）を理解することで、連携がよりいっそう深まり、その結果として新規利用者の紹介が増えることが期待されます。

　また、「認知度」とは、利用者が事業所を知っているかどうかということです。多くの場合、利用者はインターネットで検索したり、家族や友人、知人に尋ねたり、行政の窓口や医療機関の相談窓口で、事業所の一覧を確認したりして、目的に沿う事業所を探します。「認知度」は客観的な情報として把握することが難しく、それを知るには、アンケート調査やヒアリングなどに頼らざるを得ません。しかし、相談の受付時にどのような方法で事業所を知ったのか尋ねることで客観的な情報として確認することができます。その結果によって、ホームページを見直す、広告を掲載する、研修会を開催する、地域行事に参加するなどの手立を考えます。

　「新規利用者数」は、事業所の客観的な情報として整理することが大切です。このうち、特に重要なのは、②行政窓口、地域包括支援センター、医療機関、介護サービス事業所から紹介された新規利用者の数です。

　例えば、過去数年間と比較して新規利用者数が減っている、伸び悩んでいるという場合は、事業所の紹介や実績の報告が十分でない可能性が高いと考えられます。その場合は、営業活動が有効な手段の一つです。

一方で、新規利用者の数に変化がないにもかかわらず、利用者がほかの事業所の利用を希望する、契約を終了するなどが多い場合は事業所に課題があると考えられます。事業所の運営システムに問題がないかどうか、ケアマネジメント業務や接遇などの人的要因がないかどうか考えることが必要です。

　このように経年的に「市場」「認知度」「新規利用者数」を分析することで、事業所の現状を把握することが可能となり、その分析をもとに対策を講じることが効果の高いマーケティングにつながります。

図9-17　利用者受付行動ルート別マーケティング情報

	介護・医療「市場」	事業所の「認知度」	新規利用者数
①利用者及び家族からの相談ルート	介護保険事業計画 老人保健福祉計画	地域住民アンケート	新規利用者数 　　　　　　　　○名
②行政窓口、地域包括支援センター、医療機関、介護サービス事業所等からの紹介ルート	介護保険事業計画 老人保健福祉計画 医療計画 地域医療構想	事業所アンケート 事業所聞き取り調査	事業所別新規利用者数 A包括支援センター○名 B包括支援センター○名 A病院　　　　　　○名 B病院　　　　　　○名 Aデイサービス　　○名

職員が安心して働くことが
できる環境を整えるための
管理者の"仕事"

人事・労務管理に関連する法律には、労働基準法、労働安全衛生法、労働契約法、労働組合法、労働関係調整法、雇用保険法、労働者災害補償保険法、健康保険法、厚生年金保険法、育児休業、介護休業等育児又は家族介護を行う労働者の福祉に関する法律（育児・介護休業法）、雇用の分野における男女の均等な機会及び待遇の確保等に関する法律（男女雇用機会均等法）など多くがあります。

　管理者が人事・労務管理を行うには、それらの関係法令の理解が求められます。これらの関係法令は、介護保険法と同様、時代の変化に応じて、頻繁に改正されています。こうした法令をもとに、事業所においては、事業所憲法のような就業規則を作成し、それぞれの職員との間に労働契約を結ぶこととなります。

　ケアマネジャーである管理者が人事・労務に関係する法律を完全に理解することは難しいかもしれません。職員が数百名になる法人では人事部や人事労務管理者の設置が可能である場合もありますが、規模の小さい事業所では人事・労務専任者を配置することは困難な場合があり、そのような場合は、社会保険労務士と顧問契約を結ぶことが一つの方法として考えられます。

　東京都産業労働局による「労働相談及びあっせんの概要」では、2019（平成31）年4月から2020（令和2）年3月までの1年間に受けた労働相談及びあっせんの状況をまとめています。これによると、労働相談の内容について、総項目数95,128項目のうち、退職勧奨、退職不受理、退職強要などの「退職」が10.6%で最多となり、次いで、「職場の嫌がらせ」が10.1%、労働条件相違、労働契約書面なしなどの「労働契約」が8.1%、「解雇」6.3%、「賃金不払い」5.2%と続いています（図10-1）。

　産業別にみた労働相談件数は「サービス業（他に分類されないもの）」が16.6%と最も多く、次いで「医療・福祉」11.3%、「卸売業・小売業」8.1%、「製造業」6.7%であり、「医療・福祉」産業の相談件数は多い傾向がうかがえます。

　職員とのトラブルが発生する要因として多いのは、職員が日常的に不満を抱えているものの、これを管理者側が把握していなかったり、または把握していても重要なこととは考えずに放置したままにしていたりして、それが積もり積もって爆発する場合です。このような場合、職員には、職場や管理者に対する不信が潜在化しており、管理者と職員との間の信頼関係が失われたときに労務問題として表にあらわれてくると考えられます。労務問題が発生した場合、管理者は「トラブルに時間を取られずに労務管理以外の業務やケアマネジャーの業務に集中したい」「精神的に疲れた」などの切実な悩みを抱えることとなります。

このような状況にならないよう、労務管理をスムーズに行うには、①労働関係法令の遵守、②管理者としてのリーダーシップを発揮する、③コミュニケーションの促進を図るといった対策を講じることが重要です（表10-1）。

図10-1　労働相談の内容

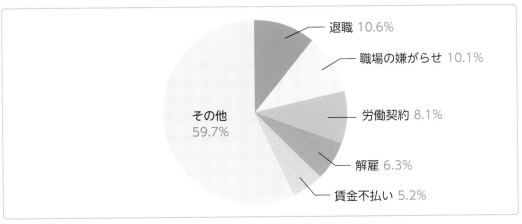

退職 10.6%
職場の嫌がらせ 10.1%
労働契約 8.1%
解雇 6.3%
賃金不払い 5.2%
その他 59.7%

出典：東京都産業労働局「労働相談及びあっせんの概要（令和元年度）」より作成

表10-1　人事労務管理者としての職務

① 法令遵守	● 労働関係法令の遵守 ● 就業規則の作成 ● 社会保険・労働保険 ● ハラスメントの防止 ● メンタルヘルスの対応
② リーダーシップ	● 率先垂範 ● 積極性 ● 革新性 ● 公平性 ● 明るさ
③ コミュニケーションの促進	● 職員・管理者相互理解 ● 就業規則の作成

本章では、職員が安心して働くことができる環境を整えるために、管理者として知っておくべき、労働基準法の基本的な知識、労働安全衛生法に基づき実施が義務化されている「ストレスチェック」とメンタルヘルスケアためのしくみづくり、男女雇用機会均等法や労働施策の総合的な推進並びに労働者の雇用の安定及び職業生活の充実等に関する法律（労働施策総合推進法）で実施が義務づけられたハラスメントを防止するためのしくみづくりについて解説します。

1 労働時間を理解する

1 労働時間

　労働時間とは、使用者の指示命令のもとで労働に従事する時間のうち、休憩時間を除いた時間をいいます。労働基準法では、第32条において1日の労働時間を8時間、1週間の労働時間を40時間以内で運用することと定めており、これを法定労働時間といいます。基本的には使用者はその時間内で職員のシフトを考えなければなりません。

　しかし、一部に例外も認められています（表10-2）。具体的には、表10-2に示されている業種の零細事業所（パートやアルバイトを含めて常時10人未満の事業場）は1週間の労働時間を44時間以内で運用してよいことになっています。規模の小さな居宅介護支援事業所の場合、この特例措置対象事業場に該当するようになります。

（労働時間）
第32条　使用者は、労働者に、休憩時間を除き1週間について40時間を超えて、労働させてはならない。
　2　使用者は、1週間の各日については、労働者に、休憩時間を除き1日について8時間を超えて、労働させてはならない。

| 表10-2 | 特例措置対象事業場（例） |

業種	具体例
保健衛生業	病院・診療所、社会福祉施設、浴場業、その他の保健衛生業
商業	卸売業、小売業、理美容業、倉庫業、その他の商業
映画・演劇業	映画やビデオの制作・演劇、その他の興業の事業
接客娯楽業	旅館、飲食店、ゴルフ場、公園・遊園地、その他の接客娯楽業

注　常時10人未満の労働者を使用する事業場
　　事業場の規模（人数）は、企業全体の規模をいうのではなく、工場、支店、営業所などのそれぞれの事業場の規模をいいます。

　通常であれば1週間の労働時間が40時間を超過すると、その分が時間外労働になりますが、特例措置が適用されれば、44時間までは時間内労働として計算でき、残業代の圧縮による人件費の削減につながります。

2 労働時間の考え方

　労働時間には、次のような時間が含まれます。
① 実作業時間：実際に直接作業に従事している時間
② 手待時間：職場で、仕事のために待機している時間（休憩時間中の電話当番、受付など）
③ 準備・整理時間：職場において作業に必要不可欠な準備及び整理の時間（着用を義務づけられた制服への着替え時間、義務づけられた掃除、朝礼、早朝ミーティング、終礼など）

　このうち、①の実作業時間が労働時間であることは問題ないでしょう。
　一方で、②の手待時間、③の準備・整理時間が労働時間であるという認識がない場合が多いようです。使用者の命令で拘束する場合は手待時間、準備・整理時間も労働時間になる可能性が高いので注意が必要です。
　労働時間に対する管理者の認識があいまいだと、職員のモチベーションの低下を招いたり、信頼関係が損なわれたりすることもあるため、労働時間にあたるかどうか判断基準をしっかりと理解しておきましょう。

10

職員が安心して働くことができる環境を整えるための管理者の"仕事"

3 労働時間の判断とその対応策

① 休憩時間中の電話当番

　休憩時間中の電話当番、業務対応の受付などのために居残りをする場合は労働時間として考えなければなりません。使用者は、職員が休憩時間を自由に使えるようにしなければならないとされています（労働基準法第34条第3項）。自由に使える状態とは、仕事から完全に解放されている状態をいいます。したがって、このような仕事が発生したときに備えて待機させることは労働時間となるので注意が必要です。

　次のような厚生労働省からの通達があります。

● 「休憩時間とは単に作業に従事しない手待時間を含まず、労働者が権利として労働から離れることを保障されている時間の意であって、その他の拘束時間は労働時間として取り扱うこと」（「労働基準法の施行に関する件」（昭和22年9月13日発基第17号））
● 「休憩時間に来客当番として待機させていれば、それは労働時間である」（昭和23年4月7日基収第1196号）

　休憩時間を、法律の定めとおりに付与できなかった場合は法律違反となります。休憩時間をとらないことで、結果として1日8時間を超えて働いたことになった場合は、その超過時間に対して時間外労働として割増賃金を支払わなければなりません。休憩時間を確保するために次のような工夫が考えられます。

❶ 休憩時間の開始時間をずらす

　職員全員が休憩時間を一斉にとらず、「11時30分から12時30分まで」「12時30分から13時30分まで」など時間帯を分けて、休憩をとりつつ、業務に支障がないような体制を組むことが考えられます。

❷ 休憩時間を分割して付与する

　午前中の業務が長引いて、昼の休憩時間が予定の1時間に対して30分しかとれなかった場合、足りない分を、業務に支障がない時間帯に30分、もしくは15分を2回に分割して付与することが考えられます。

② 委員会や研修会などの活動時間

　事業所においては、通常の勤務時間外に職員が集まり、業務改善や安全管理体制の向上などを目的として、「事故報告委員会」「感染対策委員会」などの委員会活動を行う場合が少なからずあります。

　業務中や休憩時間の間に職員が集まれないため、業務終了後に開催した委員会活動を労働時間に含めず、賃金を支給していない例がみられます。

　このような委員会活動を、職員が自主的にメンバーを招集して開催しているのであれば、管理者による指揮命令が及んでいないために労働時間にあたらないと解釈されます。しかし、一般的には委員会メンバーの選任や議題の決定が、管理者の指示のもとで行われ、活動内容について報告義務がある場合などは、職員の任意の活動と解釈するには無理があり、労働時間に該当します。

　委員会の活動以外にも、労働時間にあたるかどうかその判断に迷う例として、事業所で行う研修会や事例検討会、勉強会などがあります。

　次のとおり厚生労働省からの通達が出されており、このような研修会などの開催にあたっては注意が必要です。

● 「労働者が使用者の実施する教育に参加することについて、就業規則上の制裁等不利益取り扱いによる出席の強制がなく自由参加のものであれば、時間外労働にならない」（昭和26年１月20日基収第2875号、平成11年３月31日基発第168号）

　委員会活動、研修会などを開催するにあたり、労働時間の取り扱いの注意点は次のとおりです。

① 参加を強制するのか、自由参加とするのかを明確にして、半強制的な開催やあいまいな印象を与えるような対応をしないようにします
② 参加を強制する場合は時間外労働として扱い、残業代を必ず支給します。残業代の代わりに研修手当等の名目で単価を抑えるようなことは違法となるので注意が必要です
③ 自由参加の場合は、時間外労働ではないことを事前に周知しておく必要があります
④ 参加者の出欠を確認し、人事考課等で評価や参加者に報奨金を支給することは、自由参加とはみなされないので注意が必要です

② 時間外労働を理解する

　「1 労働時間を理解する」でもふれたように、労働時間は1日につき8時間、1週間につき40時間以内でなければならないと規定されていますが、労働基準法第36条に基づく「時間外・休日労働に関する協定届」（通称36協定）を労働基準監督署に届け出れば、時間外労働が可能になります。36協定では、「時間外労働をさせる必要のある具体的事由」「業務の種類」や1日、1か月、1年あたりの「時間外労働の上限」などを決めなければなりません。

　「働き方改革を推進するための関係法律の整備に関する法律」により、2019（平成31）年4月（中小企業については2020（令和2）年4月）より、36協定で定める時間外労働に、罰則つきの上限が設けられています。時間外労働の上限は原則として月45時間・年360時間とされ、臨時的な特別の事情がなければこれを超えることができません。

　また、「労働時間の適正な把握のために使用者が講ずべき措置に関するガイドライン」が2017（平成29）年に策定されています。

　ガイドラインは、使用者に職員の勤怠の正確な把握を求めるもので、出勤簿への押印といった不正確な方法ではなく、タイムカード等により管理するよう定められています（表10-3）。

表10-3　労働時間の適正な把握のために使用者が講ずべき措置

① 始業・終業時刻の確認及び記録
　　使用者は、労働者の労働日ごとの始業・終業時刻を確認し、適正に記録すること
② 始業・終業時刻の確認及び記録の原則的な方法
　　● 使用者が、自ら現認することにより確認すること
　　● タイムカード、ICカード、パソコンの使用時間の記録等の客観的な記録を基礎として確認し、適正に記録すること
③ やむを得ず自己申告制で労働時間を把握する場合
　　● 自己申告を行う労働者や、労働時間を管理する者に対しても自己申告制の適正な運用等ガイドラインに基づく措置等について、十分な説明を行うこと
　　● 自己申告により把握した労働時間と、入退場記録やパソコンの使用時間等から把握した在社時間との間に著しい乖離がある場合には実態調査を実施し、所要の労働時間の補正をすること

● 使用者は労働者が自己申告できる時間数の上限を設ける等適正な自己申告を阻害する措置を設けてはならないこと。さらに36協定の延長することができる時間数を超えて労働しているにもかかわらず、記録上これを守っているようにすることが、労働者等において慣習的に行われていないか確認すること

　労働時間の適正な把握は使用者の責務です。これを怠ると残業代の支払いに関して職員とトラブルが発生した際、不利となって、確認できない残業に対して賃金を支払うことになる場合もあります。

　「賃金不払残業総合対策要綱について」（平成15年5月23日基発第0523003号）の発出以来、厚生労働省、都道府県労働局、労働基準監督署が一体となった、勤怠管理の指導に重点が置かれている状況です。

Column

… 自主的に残業した場合も時間外労働になってしまう？ …

　「残業は許可制による申請を基本としているので、残業の申請がされていないものは時間外労働として把握していません」という事業所はありませんか？

　「時間外労働」の自主申告制そのものは違法行為ではありませんが、職員が残業申請をしないで自主的に残業をしている場合に、管理者がこれを知りながら制止しないで放置していた場合は、「黙認」があったとみなされ、申請をしていない労働時間も残業として取り扱われる可能性が高くなります。

　ある日、何の前触れもなく突然、労働基準監督署の監督官が事業所の調査にやってきます。調査目的は事業所における雇用・賃金・安全・健康が確保されているかどうかを調査するためです。

　監督官は事業所の管理者に面会を求め、賃金台帳、労働条件通知書、労働契約書、勤務表などの基本的な調査資料の提示を求めます。さらに、タイムカードと時間外労働手当申請書の提出を求め、タイムカードの打刻時間と時間外労働手当申請書との間に不整合のある職員や時間外労働手当申請書のない職員について、所定労働時間とタイムカードの打刻時間の乖離を入念にチェックしていきます。

　そして、「なぜ申請書が出ていないのか？」「誰が申請書を書いているのか？」「管理者は時間外労働をどのように把握しているのか？」と説明を求められます。

監督官は数名のタイムカードと時間外手当申請書をコピーしてもち帰りました。

　翌日、監督官から、すべての職員の時間外労働手当申請書とタイムカードの打刻時間（時間外労働手当申請書のない者は所定労働時間とタイムカードの打刻時間）を照らし合わせるとともに、関係者に確認することにより、時間外労働時間を確定させ支払うこと、またその状況について報告するよう指導されました。

　改めて確認すると、時間外労働手当申請書とタイムカードの打刻時間とがあっていない職員より、時間外労働手当申請書を提出していない職員でその所定労働時間とタイムカードの打刻時間とがあっていない職員のほうが多いことがわかりました。つまり、時間外労働手当の申請をせずに残業をしていた職員が多くいることが考えられます。当てはまる職員に、その内容を尋ねると、ほとんどが「仕事で残ってました」と答えました。事業所はすべての職員のタイムカードの打刻時間を労働時間とみなして時間外割増賃金を支払いました。

　このようなことを経験した管理者はその後、同じことが繰り返されないように、次のとおり対策を講じました。

① 時間外労働を行う場合は、事前に（職員からの）「申告」または（管理者による）「命令」を受けることとし、（管理者の）「許可」または（職員の）「承諾」という形で管理者、職員双方が納得したうえで時間と業務内容を決定するように就業規則を改定した

② メリハリをつけるため、時間外労働が発生する日ごとに申請書を提出することを周知徹底した

③ サービス残業を、暗に期待しないようにした

④ 業務内容を確認して、業務内容や手順の見直しをすることにより、時間外労働の減少を図った

⑤ 時間内に帰宅するよう、職員の意識改革を図った

⑥ 長時間労働による職員の過重労働や健康の管理ができるよう、常に心がけるようにした

3 就業規則を理解する

1 就業規則

　就業規則とは、職員の労働条件や、働くにあたって守らなければならない規律、職場秩序などを定め、明文化するものです。職場におけるルールを明らかにすることによって、働きやすい職場環境の整備につながり、労務トラブルの発生を予防し、職員の安心感を得ることができます。

　就業規則は、常時10人以上の従業員（アルバイト・パートタイムを含む）を雇用する事業所には就業規則[*1]の作成（労働基準法第89条）が義務づけられています。作成した就業規則は、所轄の労働基準監督署長に届け出なければなりません。就業規則を変更する場合も同様です。就業規則を作成していない場合、30万円以下の罰金が科せられることがあるので注意が必要です（労働基準法第120条第1号）。

　就業規則の作成にあたっては、記載する内容に関して、必ず記載しなければならない事項（絶対的必要記載事項）と、それぞれの事業所内でルールを定める場合に記載しなければならない事項（相対的必要記載事項）とがあります（表10-4、表10-5）。

　就業規則は事業所単位で作成することとされています。同一法人で複数の施設経営を行う場合はそれぞれの施設が個別の事業所として取り扱われるため、施設ごとに就業規則を作成しなければなりません。

表10-4　絶対的必要記載事項

① 労働時間関係
　　始業及び終業の時刻、休憩時間、休日、休暇、労働者を二組以上に分けて交替に就業させる場合においては就業時転換に関する事項
② 賃金関係
　　賃金の決定、計算及び支払の方法、賃金の締切り及び支払の時期、昇給に関する事項
③ 退職関係
　　退職に関する事項（解雇の事由を含む）

[*1] 厚生労働省では、ホームページで「モデル就業規則」を紹介しています。なお、就業規則の届け出については電子申請でも行うことが可能です。
https://www.mhlw.go.jp/stf/seisakunitsuite/bunya/koyou_roudou/roudoukijun/zigyonushi/model/index.html

表10-5　相対的必要記載事項

① 退職手当関係

　　適用される労働者の範囲、退職手当の決定、計算及び支払の方法並びに退職手当の支払
　の時期に関する事項

② 臨時の賃金・最低賃金額関係

　　臨時の賃金等（退職手当を除く）及び最低賃金額に関する事項

③ 費用負担関係

　　労働者に食費、作業用品その他の負担をさせることに関する事項

④ 安全衛生関係

　　安全及び衛生に関する事項

⑤ 職業訓練関係

　　職業訓練に関する事項

⑥ 災害補償・業務外の傷病扶助関係

　　災害補償及び業務外の傷病扶助に関する事項

⑦ 表彰・制裁関係

　　表彰及び制裁の種類及び程度に関する事項

⑧ その他

　　事業場の労働者すべてに適用されるルールに関する事項

2　労働基準監督署による監督指導（立ち入り調査）

　労働基準監督署では、労働基準法などの法律に基づいて、定期的に、あるいは働く人からの申告などを契機として、事業場（事業所）に立ち入り、調査をして関係労働者の雇用、賃金、安全、健康が確保されているかどうかを確認することができます（労働基準法第101条）。

　定期監督は一般的な調査で、年度監督調査計画により労働基準監督署が任意に調査対象を選択し、法令全般にわたって調査を行います（表10-6）。事前に電話、もしくは書面で通知があり日程調整が行われることもありますが、突然訪問することもあります。

　申告監督は働く人からの申告（労働基準監督署に駆け込んだ場合）に対してその内容を確認するために行う調査であり、突然、事業場（事業所）を訪問した場合は申告監督の可能性が高いと考えられます。

　労働基準監督官は、事業主に労働基準法、労働安全衛生法、最低賃金法などに照らし

て違反がないかどうか強制的に調査（臨検監督）する権限をもっており、違反していることが判明すれば、司法警察官として逮捕、送検することができます。事業場に立ち入るときは特に通知する必要はなく、犯罪捜査が主体ではないため捜査令状の必要もありません。

　法令に対する違反があれば「是正勧告書」、改善が望まれれば「指導票」を交付して改善報告を事業主に対して求めます。

　管理者は、職員が雇用、賃金、安全、健康が確保されるように適正な労働関係書類を作成（表10-7）することが必要です。急な労働基準監督署による監督指導に慌てることがないよう日頃から準備をしておきましょう。

　2011（平成23）年の介護保険法の改正により、労働基準法等に違反して罰金刑を受けている介護サービス事業者については、指定拒否が行われるようになりました。是正勧告に従わずに罰金刑となる事業者は稀であるとは思いますが、管理者は介護保険法にこのような規定が位置づけられたことを認識し、人事・労務管理に関連する法律を遵守することが求められています。

表10-6　臨検監督の種類

定期監督	定期的・計画的に各事業場に実施する（厚生労働省が策定する「地方労働行政運営方針」を基に実施）
申告監督	従業員や退職者からの労働基準監督署への申告（通報）により調査の必要を判断し行う（給料や残業代の未払や不当解雇など）
災害時監督	労働災害（労災）が発生し、原因究明や再発防止のため調査の必要を判断し行う。
再監督	定期監督、申告監督、災害時監督の是正勧告後の確認のために行う

表10-7　臨検監督の点検書類

労働時間・残業代等の未払調査	賃金台帳、出勤簿、36協定、就業規則、雇用契約書等
事業場の安全衛生調査	健康診断結果等
労働保険申告の適正調査	賃金台帳、労働者名簿等

10番 職員が安心して働くことができる環境を整えるための管理者の〝仕事〟

4 職員のメンタルヘルスケアのためのしくみをつくる

2006（平成18）年に策定された「労働者の心の健康の保持増進のための指針」では、メンタルヘルス不調を「精神および行動の障害に分類される精神障害や自殺のみならず、ストレスや強い悩み、不安など、労働者の心身の健康、社会生活および生活の質に影響を与える可能性のある精神的および行動上の問題を幅広く含むものをいう」と定義しています。つまり、メンタルヘルス不調とは、うつ病、統合失調症などの精神疾患のみを指すものではなく、仕事を通じて抱えるストレスや不安、悩みを含む、幅の広いものです。

労働者のメンタルヘルスの重要性については、高い注目が集まっています。その背景には、仕事について、悩みやストレスを感じている人の数が増えているという実態があります。2018（平成30）年の「労働安全衛生調査」をみると、仕事や職業生活に関する強いストレスについて、強いストレスとなっていると感じる事柄がある労働者の割合は58.0%となっています。また、その内容をみると、「仕事の質・量」が59.4%と最も多く、次いで「仕事の失敗、責任の発生等」が34.0%、「対人関係（セクハラ・パワハラ含む）」が31.3%となっています。

このような状況のなか、職場でメンタルヘルス不調が疑われる職員の対応を経験した管理者は少なくないと思います。メンタルヘルス不調が疑われる職員への対応を誤ると、トラブルになる可能性が高いといえます。職員にとっても、管理者にとっても、そのような不幸な事態に陥るのを防ぐために、管理者は職場でメンタルヘルスケアにどのように取り組むか考えることが重要です。

1 メンタルヘルスケアに対する基本的な考え方と対応の流れ

「労働者の心の健康の保持増進のための指針」によれば、事業所はメンタルヘルスケアに関する職場の現状とその問題点を明確にし、問題点を解決する具体的な取り組みを「心の健康づくり計画」として策定、実施することが求められています。

計画の実施にあたっては、①ストレスチェック制度の活用や職場環境等の改善を通じ

て、メンタルヘルス不調を未然に防止する「一次予防」、②メンタルヘルス不調を早期に発見し適切な措置を講じる「二次予防」、③メンタルヘルス不調となった労働者の職場復帰などの支援を行う「三次予防」を円滑に行えるようにする必要があります（表10-8）。

表10-8	メンタルヘルスケアの進め方	
一次予防	メンタルヘルス不調の防止	● 労働者・管理者に対する教育研修、情報提供 ● ストレスチェック制度の活用 ● 職場環境における問題点の把握とその改善
二次予防	メンタルヘルス不調の早期発見と適切な措置	● 労働者本人による自発的な相談とセルフチェック ● 事業所内外の相談窓口の活用 ● 管理者・事業場内産業保健スタッフによる相談対応 ● 高ストレス労働者からの申し出による医師の面接指導 ● 労働者の家族による気づきや支援の促進
三次予防	メンタルヘルス不調となった労働者の職場復帰支援	● 休業した労働者の社会復帰支援 ● 職場復帰プログラムの実施

2 一次予防

　一次予防は、メンタルヘルス不調の発生を未然に防止する、起こさないというイメージです。ストレスチェック制度の活用が考えられます。

　2014（平成26）年の労働安全衛生法の改正により、ストレスチェック制度が創設されました。常時使用する労働者数が50人以上の事業所では、ストレスチェックを年に1回実施しなければなりません。

　ストレスチェックとは、職員に自分のストレス状況についての気づきを促し、メンタルヘルス不調のリスクを低減させるために実施する「一次予防」を目的とした検査です。うつ病などの精神疾患を診断するためのスクリーニングを目的としたものではありません。

　事業所でストレスチェックを実施している場合、ストレスチェックの集団分析の結果（個人のストレスチェックの結果を部、課などの集団ごとに集計して集団のストレス傾向を分析）を活用して職場環境改善に取り組むことが推奨されています。

二次予防

　二次予防は、メンタルヘルスに不調を抱える職員の早期発見と適切な対応を行うフェーズです。職員が自発的にメンタルヘルス不調に気づけるようなセルフチェック機能、管理者や事業場内産業保健スタッフによる相談対応、家族の気づきなど、早期発見につながるしくみづくりとともに、産業医による面談・医療機関の受診などへとつなげていくことが重要となります。

　多くの職員は、自分の体調不良についてなかなか相談できないものです。体調不良に対して、管理者からも職場の同僚からも、「いつもと違う」という声が出てはいるものの、そのままでいることがほとんどです。そして突然、「休職届」や「診断書」が提出されるということになります。

　管理者は、メンタルヘルス不調の兆候である、職員の変化や「いつもと異なる様子」（表10-9）に気づくことがきわめて重要です。管理者は、メンタルヘルスケアに関する知識を身につけることが求められます。

　メンタルヘルス不調の要因は、「強いストレス」であり、その内容として、「仕事の量・質」「仕事の失敗、責任の発生等」「対人関係（セクハラ・パワハラ）」があげられていますが、要因は一つだけではなく、複数の要因が重なって、メンタルヘルスの不調につながることが多いといわれています。

　管理者は、ふだんから職員の労働時間や業務内容を把握し、職員の話を聞く機会を意識的につくることが大切です。メンタルヘルスに不調をきたしてから初めて、そのような場を設けるということがないように、他愛のない内容であっても職員との会話を心がけ、信頼関係を構築しておく必要があります。

　また、新入社員や部署異動直後の職員に対しては定期的な面接の機会を設けることも必要です。積極的に話を聞くことで、職員の心身の状況をはじめ、ものの見方や考え方、行動様式を理解することができます。

　職員が管理者との面接をためらう場合は、産業医に相談が可能であることを伝える、事業所に知られずに相談できる精神保健福祉センターや保健所などの事業所外の相談窓口につなぐなどが必要となります。

　職員と面接した結果、メンタルヘルス不調になっていると思われる場合は、早期に受診を促すことが重要です。職員の意向で受診が難しい場合は産業医や事業場内産業保健スタッフ（衛生管理者など）に相談するとよいでしょう。

表10-9	いつもと異なる部下の様子

出退勤の変化	● 遅刻、早退、有給休暇の取得が増える ● 休みの連絡がない（無断欠勤） ● 残業、休日出勤が不釣り合いに増える ● 業務負荷が変わらないのに、退社時間が遅くなる ● 理由が明確でない離席、休憩が増える
業務効率の低下	● 仕事の効率が悪くなり、思考力、判断力が低下する ● 業務の結果がなかなか出てこない（メールの返信や書類の提出が遅れる） ● 報告、相談、職場での会話がなくなる（あるいはその逆） ● 業務上のミスや事故が目立つ
行動面の変化	● あいさつをしなくなる ● 服装や髪型が乱れる ● 表情に活気がなく、動作にも元気がない（あるいはその逆） ● 対人関係のトラブルが起きる ● 突然泣き出す、独り言が増える
心に現れる症状	● イライラする　　　　　● やる気が出ない ● 悲しくなる　　　　　　● 自分を責める ● 不安になる　　　　　　● 物事に集中できない ● 焦りが出る
体に現れる症状	● 吐き気　　　　　　　　● 耳鳴り ● 食欲不振　　　　　　　● 頭痛 ● 眠れない　　　　　　　● 動悸 ● 肩こり　　　　　　　　● 倦怠感 ● 背中、腰の痛み　　　　● 微熱

4 不利益な取り扱いの禁止

「労働者の心の健康の保持増進のための指針」では、次に示す、心の健康に関する情報を理由とした労働者に対する不利益な取り扱いを禁じています。

① 解雇すること

② 期間を定めて雇用される者について契約の更新をしないこと

③ 退職勧奨を行うこと

④ 不当な動機・目的をもってなされたと判断されるような配置転換または職位（役職）の変更を命じること

職員が安心して働くことができる環境を整えるための管理者の"仕事"

⑤ その他の労働契約法等の労働関係法令に違反する措置を講ずること

5 三次予防

　三次予防は、求職せざるを得ない状況になった職員が、休職してから職場復帰し、復帰後にフォローアップをするまでのフェーズです。「心の健康問題により休業した労働者の職場復帰支援の手引き」による、職場復帰支援の流れを示します（図10-2）。

図10-2　職場復帰支援の流れ

第1ステップ	病気休業開始及び休業中のケア
↓	
第2ステップ	主治医による職場復帰可能の判断
↓	
第3ステップ	職場復帰の可否の判断及び職場復帰支援プランの作成
↓	
第4ステップ	最終的な職場復帰の決定
↓	
	職 場 復 帰
↓	
第5ステップ	職場復帰後のフォローアップ

① 第1ステップ ▶ 病気休業開始及び休業中のケア

　職員から管理者に主治医による診断書が提出され、休職が始まります。人事労務管理者は休職する職員に対して、安心感をもって休職が開始できるように、休職者が出ていない段階（第1ステップの前段階）で、就業規則に、休職可能な期間、給与や社会保険料などの支払い、復職の要件、復職にあたり法人が指定する医師または産業医の意見を聞くこと、休業期間満了後及び再休職した場合の雇用契約解除の内容などが定められているか確認しておきます。また、休職通知書、復職願い、休職期間満了に伴う退職通知

書等の帳票も作成しておくことが必要です。

　休職に入る職員に対して、就業規則の内容や復職するための要件を書面（休業通知書）で交付するようにします。メンタルヘルスに不調をきたしている場合、記憶や情報処理能力がふだんより低下していることも考えられ、後にトラブルにつながることを避けるためにも、可能であれば、家族が同席したうえで説明するほうがよいでしょう。また、産業医による面接指導を定期的に行うことを伝えておくことも大切です。

　職員が診断書を提出して休職を申し出た場合、いつから休職を認めるべきかという問題が発生します。事業所としては最低限の引継ぎを行ってから休職して欲しいところですが、主治医による診断書を提出した職員を働かせ続けることにはリスクを伴うため、注意が必要です。

② 第2ステップ ▶ 主治医による職場復帰可能の判断

　休職中の職員から、職場復帰の意向が伝えられると、事業所は職員の主治医に対して職場復帰が可能かどうか判断が示された診断書の提出を求めます。診断書には就業上の配慮に関する具体的な意見の記載を求めます。

　ただし、病状の回復について診断書に示される主治医の判断は、日常生活を送ることが可能かどうか判断する程度にとどまる場合が多く、職場で求められている業務遂行能力について判断しているとは限りません。産業医には、職員の主治医と連携しつつ、業務遂行能力を判断し、元の職場に復帰することができるかどうか、業務上の配慮を含めて、医学的な視点での評価を行い、意見を述べてもらうことが重要です。復職が可能かどうかの最終的な判断は法人が行うこととなります。

　職員本人は復職できると思っていても、法人や産業医、法人が指定する医師の判断により復職が実現されなかった場合にトラブルが生じる場合があります。このようなことを避けるためにも、事業所は職員の主治医に対して、あらかじめ職場で必要とされる業務遂行能力に関する情報を提供し、主治医の意見として提出してもらうことが必要です。

③ 第3ステップ ▶ 職場復帰の可否の判断及び 職場復帰支援プランの作成

　最終的な職場復帰の可否について決定する前に、必要な情報の収集と評価を行ったうえで職場復帰を支援するための具体的なプランを作成します。

　この段階で人事労務管理者は、職員の職場復帰に対する意思を確認するとともに、産

業医や職員の主治医に、通院治療の必要性や薬の副作用、業務の遂行に影響を及ぼす症状の有無などに関する意見を求め、職場の作業環境（業務量、質、不測の事態に対する対応力）や受け入れ準備（同僚の雰囲気、同僚のメンタルヘルスに関する理解度）の評価をもとに事業場内産業保健スタッフとともに職場復帰の可否について判断をします。

職場復帰が可能と判断された場合は、復帰までの日程、人事労務管理者による業務量、治療上必要な配慮、配置転換や異動といった対応などを含んだ、職場復帰支援プランを作成します。

④ 第4ステップ ▶ 最終的な職場復帰の決定

第3ステップをふまえて最終的な職場復帰について決定します。

⑤ 第5ステップ ▶ 職場復帰後のフォローアップ

職場復帰後は、人事労務管理者による観察と事業場内産業保健スタッフによるフォローアップを実施します。疾患の再燃や勤務状況について確認し、職場復帰プランが計画どおりに実施されているか、職場の同僚に過度の負担がかかっていないかどうかなどを適宜、把握し、必要に応じて見直します。

5 職場のハラスメントを防止するしくみをつくる

ハラスメントとは、相手の意に反する行為によって不快な感情を抱かせることであり、「嫌がらせ・悩み（のタネ）」という意味があります。ここで重要なのは、行為者の思いとは関係なく、受け手が不快な感情を抱けばハラスメントになるということです。「そんなつもりではなかった」など、行為者がハラスメントをしていることを認識していないケースも少なくありません。

ハラスメントについては、関係する法制度の整備が進められています。職場におけるセクシャルハラスメントについては、男女雇用機会均等法で、マタニティハラスメントについては、男女雇用機会均等法、育児・介護休業法に基づき、防止措置が事業主に義務づけられています。

パワーハラスメントについては、2019（令和元）年に、労働施策総合推進法が改正さ

れ、パワーハラスメントの防止対策が2020（令和2）年6月から義務化されました（中小企業は2022（令和4）年4月から）。

また、居宅介護支援事業者を含むすべての介護サービス事業者にハラスメント対策が求められています（「指定居宅介護支援等の事業の人員及び運営に関する基準」（平成11年3月31日厚生省令第38号）第19条）。

（勤務体制の確保）

第19条（略）

2（略）

3（略）

4 指定居宅介護支援事業者は、適切な指定居宅介護支援の提供を確保する観点から、職場において行われる性的な言動又は優越的な関係を背景とした言動であって業務上必要かつ相当な範囲を超えたものにより介護支援専門員の就業環境が害されることを防止するための方針の明確化等の必要な措置を講じなければならない。

ハラスメントはどのようなものであっても防止に努めるべきですが、セクシャルハラスメント（セクハラ）やマタニティハラスメント（マタハラ）と比較して、パワーハラスメント（パワハラ）が起こり得る範囲は広く、パワハラの場合、受け手が不快に感じるかどうかを必ずしも判断できるものではないことが、問題を複雑にしています。

一方で、パワハラを放置しておくと職員の退職、事業所の評判を落とすことによる利用者の減少、ハラスメントがきっかけとなったメンタルヘルス不調の出現、紛争への展開などのリスクがあります。このようなリスクは経営に大きな影響を及ぼすことから、労働集約産業である医療機関や介護事業者にとって、職場のハラスメント対策は喫緊の課題となっています。

ここでは、パワハラの内容とその防止対策について解説します。

1 ▶ 職場におけるパワーハラスメントの内容

事業主が職場における優越的な関係を背景とした言動に起因する問題に関して雇用管理上講ずべき措置等についての指針（令和2年厚生労働省告示第5号）によれば、職場

におけるパワハラとは、「職場において行われる①優越的な関係を背景とした言動であって、②業務上必要かつ相当な範囲を超えたものにより、③労働者の就業環境が害されるものであり、①から③までの要素を全て満たすもの」と定義されています（表10-10）。ただし、客観的にみて、業務上必要かつ相当な範囲で行われる適正な業務指示や指導については該当しません。

表10-10　職場におけるパワーハラスメントの3要素

	具体的な内容
① 優越的な関係を背景とした言動	● 事業主の業務を遂行するにあたって、言動を受ける労働者が行為者に対して抵抗または拒絶することができない蓋然性が高い関係を背景として行われるもの 例) ● 職務上の地位が上位の者による言動 ● 同僚または部下による言動で、その言動を行う者が業務上必要な知識や豊富な経験を有しており、当該者の協力を得なければ業務の円滑な遂行を行うことが困難であるもの ● 同僚または部下からの集団による行為で、これに抵抗または拒絶することが困難であるもの　　など
② 業務上必要かつ相当な範囲を超えた言動	● 社会通念に照らし、その言動が明らかに事業主の業務上必要性がない、またはその態様が相当でないもの
③ 労働者の就業環境が害される	● 言動により労働者が身体的または精神的に苦痛を与えられ、労働者の就業環境が不快なものとなったため、能力の発揮に重大な悪影響が生じるなどその労働者が就業するうえで看過できない程度の支障が生じること ● 判断にあたっては、「平均的な労働者の感じ方」、すなわち、同様の状況で当該言動を受けた場合に、社会一般の労働者が、就業するうえで看過できない程度の支障が生じたと感じるような言動であるかどうかを基準とすることが適当

　パワハラは、その受け手が不快に感じるかどうか判断が難しい場合があり、指針では6つの代表的な言動の類型を示し、それぞれに「該当すると考えられる例」と「該当しないと考えられる例」を示しています（表10-11）。

表10-11　職場におけるパワハラに該当すると考えられる例／該当しないと考えられる例

代表的な言動の類型	該当すると考えられる例	該当しないと考えられる例
① 身体的な攻撃 （暴行・傷害）	① 殴打、足蹴りを行う ② 相手に物を投げつける	○ 誤ってぶつかる
② 精神的な攻撃 （脅迫・名誉棄損・侮辱・ひどい暴言）	① 人格を否定するような言動を行う。相手の性的指向・性自認に関する侮辱的な言動を含む ② 業務の遂行に関する必要以上に長時間にわたる厳しい叱責を繰り返し行う ③ 他の労働者の面前において大声で威圧的な叱責を繰り返し行う ④ 相手の能力を否定し、罵倒するような内容の電子メール等を相手を含む複数の労働者宛てに送信する	① 遅刻など社会的ルールを欠いた言動がみられ、再三注意してもそれが改善されない労働者に対して一定程度強く注意をする ② その企業の業務の内容や性質等に照らして重大な問題行動を行った労働者に対して、一定程度強く注意をする
③ 人間関係からの切り離し （隔離・仲間外し・無視）	① 自身の意に沿わない労働者に対して、仕事を外し、長期間にわたり、別室に隔離したり、自宅研修させたりする ② 一人の労働者に対して同僚が集団で無視をし、職場で孤立させる	① 新規に採用した労働者を育成するために短期間集中的に別室で研修等の教育を実施する ② 懲戒規定に基づき処分を受けた労働者に対し、通常の業務に復帰させるために、その前に、一時的に別室で必要な研修を受けさせる
④ 過大な要求 （業務上明らかに不要なことや遂行不可能なことの強制・仕事の妨害）	① 長期間にわたる、肉体的苦痛を伴う過酷な環境下での勤務に直接関係のない作業を命ずる ② 新卒採用者に対し、必要な教育を行わないまま到底対応できないレベルの業績目標を課し、達成できなかったことに対し厳しく叱責する ③ 労働者に業務とは関係のない私的な雑用の処理を強制的に行わせる	① 労働者を育成するために現状よりも少し高いレベルの業務を任せる ② 業務の繁忙期に、業務上の必要性から、当該業務の担当者に通常時よりも一定程度多い業務の処理を任せる

代表的な言動の類型	該当すると考えられる例	該当しないと考えられる例
⑤ 過小な要求 　（業務上の合理性が なく能力や経験とか け離れた程度の低い 仕事を命じることや 仕事を与えないこと）	① 管理職である労働者を退職 させるため、誰でも遂行可 能な業務を行わせる ② 気にいらない労働者に対し て嫌がらせのために仕事を 与えない	○ 労働者の能力に応じて、一 定程度業務内容や業務量を 軽減する
⑥ 個の侵害 　（私的なことに過度 に立ち入ること）	① 労働者を職場外でも継続的 に監視したり、私物の写真 撮影をしたりする ② 労働者の性的指向・性自認 や病歴、不妊治療等の機微 な個人情報について、当該 労働者の了解を得ずに他の 労働者に暴露する＊	① 労働者への配慮を目的とし て、労働者の家族の状況等 についてヒアリングを行う ② 労働者の了解を得て、当該 労働者の機微な個人情報に ついて、必要な範囲で人事 労務部門の担当者に伝達 し、配慮を促す

＊ プライバシー保護の観点から、機微な個人情報を暴露することのないよう、労働者に周知・啓発する等の措置を講じる
　ことが必要

　①身体的な攻撃（暴行・傷害）、②精神的な攻撃（脅迫・名誉棄損・侮辱・ひどい暴言）、③人間関係からの切り離し（隔離・仲間外し・無視）については、優越的な関係を背景とし、かつ業務上必要な範囲を超えていると考えられるので、パワハラに該当することが容易に考えられます。

　一方で、判断が難しいのは、④過大な要求（業務上明らかに不要なことや遂行不可能なことの強制・仕事の妨害）、⑤過小な要求（業務上の合理性がなく能力や経験とかけ離れた程度の低い仕事を命じることや仕事を与えないこと）、⑥個の侵害（私的なことに過度に立ち入ること）であり、状況によって判断が異なる場合があります。

　パワハラは、業務上の指導との判断が難しい場合があり、問題が複雑化すると、裁判に至るケースもあるので注意が必要です。パワハラにあたるかどうかを最終的に判断するのは裁判所ですが、当然すべての案件が裁判になるわけではありません。一時的な判断を求められるのは事業所となります。

　その判断の材料として、「明るい職場応援団」＊2にパワハラに関する主な裁判事例が示されているので参考にすることができます。

＊2　https://www.no-harassment.mhlw.go.jp/
　　 職場のパワーハラスメント問題について、2011（平成23）年に開催された「職場のいじめ・嫌がらせ問題に関する円卓会議」の提言などをもとに、職場のパワーハラスメント問題の予防・解決に向けた、情報発信を行うため、2012（平成24）年10月に開設された。

① 職員への周知徹底

　パワハラの内容や発生原因、パワハラを行ってはならないという方針を明確にし、すべての職員に周知徹底し啓発することが大切です。方針は、社内報や就業規則（懲戒規定を含む）、ホームページ、パンフレット等に示して配布します。また、研修会を開催してすべての職員の理解を深めます。

② 相談体制の整備

　相談窓口を定め、担当者を配置して、パワハラにあたるかどうか微妙な場合でも広く相談に対応することが必要です。

③ 職場におけるパワハラが起こった後の迅速かつ適切な対応

　ハラスメントの報告があれば直ちに事実関係の確認を始めます。その際、相談者と行為者だけではなく、職場の同僚などの第三者からも事情を聞き、正確、迅速に事実関係を確定します。

　事情聴取は、人事部や専門委員会など、中立的な立場から事情を聞くことができる人を選び、場合によっては複数人で行い、また聴取した内容を正確に記録します。ここで重要なことは、事情を聞く相談担当者が相談者に対して「聴く」姿勢を徹底することです。「相談者が話を聞いてくれない」と感じると、相談者は労働基準監督署や弁護士などの外部の機関に相談する可能性が高くなり紛争に発展するリスクにつながります。

　相談者と行為者の言い分が異なるなど、法人内で適切な判断が困難な場合は、社会保険労務士や弁護士などの外部の専門家に依頼することを検討します。

　ハラスメントの事実関係が確認された場合、行為者に対しては懲戒処分そのほかの必要な措置を講じます。被害者（相談者）に対しては、行為者と被害者である両者の関係改善に向けたサポートとして行為者の謝罪、両者を引き離すための配置転換や異動、被害者が被った不利益な扱いの回復などの措置が考えられます。

　ハラスメントの事実がなかった場合は、そのことを相談者に伝えます。相談者に何らかの要求がある場合はその対応を考え、対応の必要がない場合は、応じることがで

きないことを返答します。

　納得が得られないようであれば、都道府県労働局、紛争調停委員会などの第三者機関を通じて解決の道を探ることになります。

④ そのほか併せて講ずべき措置

　相談者・行為者のプライバシーに対する配慮や相談したことなどを理由として、解雇その他不利益な取り扱いをされない旨を定め、労働者に周知・啓発することが求められています。

　管理者は、メンタルヘルス不調の予防と同様に、ふだんから職員との間で話を聞く機会をつくるとともに、職員同士のコミュニケーションの促進を図ることが重要です。その手立てとして、人事考課の面接の際、管理者と職員がじっくりと話をする、また研修を開催する際、グループワークを取り入れるなど、職員の意見を積極的に出し合う場をつくるなどの取り組みが考えられます。

Column

… 厳しい指導とパワーハラスメントは紙一重 …

　パワーハラスメントは一歩間違えると人権問題に発展する場合もあります。最悪の場合、その被害者が自殺に追い込まれてしまうこともあります。遺族から訴えられることも珍しくなく、損害賠償金を支払わざるを得ないケースもあります。

　ある介護保険サービス事業所の管理者は、採用した事務員に対して、保険請求業務などについて熱心に指導をしていました。事務員は元来、真面目で仕事熱心であり、営業成績の優秀なサラリーマンでした。同居していた祖母の介護をきっかけに、介護保険の仕事に興味を覚え転職を考えた結果、半年前にその職場に就職しました。

　入職後3か月間は厳しい指導をすると管理者からはっぱをかけられ、介護報酬の算定要件や運営基準を解説している書籍を自身で購入し、自宅で毎晩、勉強を続けていました。しかし、異業種からの転職であったせいか、管理者から指導されてもなかなか理解できず、事務に対する苦手意識が強くなってきました。

　一方で、管理者は、事務員に対して所定労働時間終了後、3時間程度の個別指導を週に数回実施するとともに、熱が入るとほかの職員の前で長時間、威圧的な態度

で指導をする場面もありました。

　事務員は努力しましたが、次第に介護事務の仕事は自分には向いていないと思いはじめ、管理者に指導されても極度に緊張するばかりで指導される内容は全く頭に入らない状況となりました。不眠や疲労感を覚え、精神科を受診したところ、「うつ状態」と診断され3か月間の自宅療養となりました。

　受診直後、事務員は管理者が所属する法人人事部を訪れ、管理者からパワハラを受けたことを報告しました。法人人事部の担当者は面接を実施し、管理者が行った個別指導の状況に加え、次のような内容を聴取しました。

● 事務員の業務能力は正社員としての能力に値しないと管理者から指摘された

● 個別指導を、所定労働時間の終了後に実施されたが、一部の時間外割増賃金が支払われていなかった

● 復職した場合、管理者のもとでは働きたくないので、部署の異動、もしくは転職を考えている

　一方、管理者からの事情聴取では、管理者は熱心に指導をしたつもりであったが、度を越している点があったことを認めました。管理者からは「そんなつもりではなかった」との発言があり、パワハラをしていたことを認識していなかった様子が伺えます。

　法人としては、このような管理者の行為をパワハラに該当すると判断し、管理者を懲戒処分としました。その後、事務員に時間外割増賃金を支払い、管理者の謝罪と復職にあたって配置転換などを検討しましたが、事務員は退職届を提出し退職してしまいました。

　その後、管理者は自身の行動を反省し、職員の指導方法を改めたことによって、事業所では離職者が一人も出ていません。

… 「所定」と「法定」の違い …

　時間外労働については、一般的に考えられている「残業」と法律上の「時間外労働」が異なっている場合があるので注意が必要です。

　いわゆる「残業」というと、会社で定めた「所定労働時間」を超える時間のことを指すと考える人が多いのではないでしょうか。

　一方、法律上の「時間外労働」とは、労働基準法で定められた「法定労働時間」（1日8時間・1週40時間）を超える時間のことをいいます。

　例えば、始業時刻が9：00、休憩時間が12:00〜13：00で、終業時刻が17：30の会社であれば、所定労働時間は7時間30分となります。この場合、9：00に仕事をはじめ、18：00に終業した労働者については、いわゆる「残業」は30分になります。一方、法律上の「時間外労働」は無しとなります。

　ただし、残業手当の算定基準を、「所定労働時間」を超える時間とするか、「法定労働時間」を超える時間とするかは、労使の定めによって決まります。

　休日労働についても同様です。

　法律上の休日労働とは、労働基準法で定められた「法定」休日に労働した時間のことをいいます。

　労働基準法では原則として、使用者は労働者に対して毎週少なくとも1回休日を与えなければならないとされています。そのため、「法定」休日とは、1週間につき1日の休日のことをいいます。

　例えば、毎週土曜・日曜を所定休日、そのうち、日曜を法定休日と定めている事業場であれば、土曜日に労働した時間は「法定」休日労働には該当せず、日曜日に労働した時間が「法定」休日労働となります 。月曜日から土曜日までに労働した時間が40時間を超えていた場合には、超えた時間は「時間外労働」にカウントされるので、注意が必要です。

出典：厚生労働省・都道府県労働局・労働基準監督署「時間外労働の上限規制わかりやすい解説」をもとに作成

リスクマネジメントの
ための管理者の"仕事"

1 事業所のリスクマネジメント

　居宅介護支援サービスの安定的な継続は、利用者やその家族が生活を維持していくうえで欠かせないものであり、同時に、事業としての継続も従業者の雇用を守るという意味において大変重要です。

　したがって、管理者は、事業の継続を阻害するおそれのあるリスクについてアセスメントを行い、的確な対応策を講じていくことが求められます。

　リスクアセスメントにあたっては、まず、どのようなことが事業運営上のリスクとなるのかという視点でリスクを特定します。特定したリスクについては個別に分析を行い、自分の事業所ではどの程度発生する確率があるのか、発生した場合はどの範囲に影響が及ぶのかなどの観点から評価しておくことが重要です。

　リスク対応には、指針や計画、マニュアル等を整備することによりリスクそのものの発生を未然に防ぐ「リスク回避」や、システムや機器の導入などによりリスクの要因を減らす「リスク低減」、事故等が起きた場合に保険などで損害を補填する「リスク転嫁」などがあります。

　管理者は、特定したリスクに対して、事前にできる準備を行う必要があります。

2 居宅介護支援事業所におけるリスク

1 感染症や災害のリスク

　新型コロナウイルス感染症やインフルエンザなどの感染症については、特に高齢者は重症化するリスクが高く、高齢者に接する機会の多い居宅介護支援事業所、介護サービス事業所は特段の注意が求められます。

　そのため、事業所には感染症への対応力を高め、対策を徹底しながら、地域において必要なサービスを継続的に提供できる体制を確保することが必要になります。

　また、多くの地域で大規模災害が発生しており、居宅介護支援事業所、介護サービス事業所の被害も報告されていることから、災害への対応力を高めるとともに、災害発生時には避難を含めて適切に対応し、発災後も利用者に必要なサービスを提供できる体制

を確保していくことが求められています。

　感染症や非常災害が発生した場合であっても、必要なサービスが継続的に提供できる体制を構築するため、2021（令和3）年度の介護報酬改定に伴い、業務継続に向けた計画（業務継続計画）の策定、研修・訓練（シミュレーション）の実施が義務づけられています。

（業務継続計画の策定等）

第19条の2　指定居宅介護支援事業者は、感染症や非常災害の発生時において、利用者に対する指定居宅介護支援の提供を継続的に実施するための、及び非常時の体制で早期の業務再開を図るための計画（以下「業務継続計画」という。）を策定し、当該業務継続計画に従い必要な措置を講じなければならない。

2　指定居宅介護支援事業者は、介護支援専門員に対し、業務継続計画について周知するとともに、必要な研修及び訓練を定期的に実施しなければならない。

3　指定居宅介護支援事業者は、定期的に業務継続計画の見直しを行い、必要に応じて業務継続計画の変更を行うものとする。

注　業務継続計画の策定等については、2024（令和6）年3月31日までの間、経過措置があります。

（感染症の予防及びまん延の防止のための措置）

第21条の2　指定居宅介護支援事業者は、当該指定居宅介護支援事業所において感染症が発生し、又はまん延しないように、次の各号に掲げる措置を講じなければならない。

　一　当該指定居宅介護支援事業所における感染症の予防及びまん延の防止のための対策を検討する委員会（テレビ電話装置等を活用して行うことができるものとする。）をおおむね6月に1回以上開催するとともに、その結果について、介護支援専門員に周知徹底を図ること。

　二　当該指定居宅介護支援事業所における感染症の予防及びまん延の防止のための指針を整備すること。

　三　当該指定居宅介護支援事業所において、介護支援専門員に対し、感染症の予防及びまん延の防止のための研修及び訓練を定期的に実施すること。

注　感染症の予防及びまん延の防止のための措置については、2024（令和6）年3月31日までの間、経過措置があります。

感染症や災害は待ったなしに発生します。利用者を守り、従業者を守り、事業所を守り、さらに自分自身を守るためにも、国等が示している手引きやガイドライン（表11-1）を参考に、管理者は可能な限り速やかに、計画を策定し、研修等を通して事業所全体で情報を共有しておくことが不可欠です。

表11-1　事業所における事業継続に向けた計画策定のための参考資料

○ 介護現場における感染症対策の手引き

　　介護職員などが、感染症の重症化リスクが高い高齢者などに対してサービスを安全かつ継続的に提供するため、さらに職員自身の健康を守るため、着実な感染対策を実践できるよう基礎的な知識から、感染症発生時におけるサービス提供時の注意点等を紹介しています

○ 介護職員のための感染対策マニュアル

　　「介護現場における感染症対策の手引き」の概要版として、介護職員向けに感染対策のポイントを掲載しています（施設・通所・訪問サービスごとに作成）

○ 感染対策普及リーフレット

　　手洗いや排泄物、嘔吐物処理の手順等をわかりやすく紹介しています。「見てすぐ実践！」ができるように、ポスターとしても利用が可能です

○ 介護施設・事業所における新型コロナウイルス感染症発生時の業務継続ガイドライン

　　施設・事業所で新型コロナウイルス感染症が発生した場合の対応、それらをふまえて平時から準備・検討しておくべきことを、介護サービス類型に応じた業務継続ガイドラインとして整理

○ 介護施設・事業所における自然災害発生時の業務継続ガイドライン

　　地震や水害等の自然災害に備え、介護サービスの業務継続のために平時から準備・検討しておくべきことや発生時の対応について、介護サービス類型に応じたガイドラインとして整理

2　事業継続計画（BCP）の作成

　BCPとはBusiness Continuity Plan の略称で、業務継続計画などと訳されます。インフルエンザ、新型コロナウイルス感染症など、感染症や地震などの災害が発生すると、通常どおり業務を実施することが困難になります。まず、業務を中断させないように準備するとともに、中断した場合でも優先業務を実施するため、あらかじめ検討した方策を計画書としてまとめておくことが重要です。

　災害などの発生後、速やかに復旧させることが重要であることはもちろんですが、その前に「重要な事業を中断させない」ことが大切になります。感染症対応における取り組みとして、次の5つが重要になります。

① 施設、事業所内外を含めた職員、関係者との情報共有と役割分担、判断のできる体制の構築

組織全体の意思決定者と、それぞれの業務の担当者を決め、誰が何をするのかを定めるとともに、関係者の連絡先を整理します。

② 感染者（疑い）が発生した場合の対応

利用者、家族または職員に感染（疑い）が発生した場合の対応について整理し、日頃からシミュレーションをしておきます。

③ 職員・資材・資金の確保

職員が感染したり、濃厚接触者になったりして、職員が不足する場合があります。そのため、施設、事業所、法人において職員確保の体制を検討するとともに、地域の関係団体や都道府県などに、はやめに応援を依頼することが重要です。

防護具、消毒液などの必要量を把握し、十分な量を計画的に購入することが職員の安心につながります。日頃から備蓄計画を作成することが重要です。

交付金などの活用は有効ですが、申請先や申請手続きに関しては自治体によってバラツキが顕著であることが多く、注意が必要です。

④ 業務の優先順位の整理

職員が不足した場合は、限られた職員でサービスを提供せざるを得ない場合が想定されます。職員の出勤状況に応じて対応できるよう、業務の優先順位を整理しておきます。

⑤ 職員に対する周知、研修や訓練の実施

BCPを作成するだけでは実効性があるとはいえません。危機発生時においても迅速に行動ができるよう、職員をはじめとする関係者に周知し、ふだんから研修や訓練を実施する必要があります。また、BCPを定期的に見直すことも大切です。

BCPを作成する場合、管理者は事業所の業務内容や規模、地域特性などを念頭において個別に作成する必要があります。表11-1に示した、ガイドラインなどを参考にしながら、作成します。

個人情報の取り扱い上のリスク

　ケアマネジャーは、利用者の生活状況などを効率よく把握するためのツールとして、通常、アセスメントシートを用います。

　アセスメントシートに記録される情報は、利用者の名前、住所、年齢など基礎的なものにとどまらず、居住している家屋の状態、家族構成、疾病や障害の有無、かかりつけの医療機関や介護サービス提供事業者名など、個人のプライバシーの深部にかかわるものとなっています。こうした個人情報をはじめとして、ケアマネジャーは、運営基準において、業務上知り得た利用者やその家族の秘密を漏らしてはならないとされ、秘密保持が義務づけられています。

　また、振り込め詐欺や悪徳業者による不必要な住宅リフォームなど、高齢者を狙った犯罪も多く発生していることから、高齢者の生活情報等に関しては、特に厳重な管理を欠くことができません。

　したがって、故意はもとより重大な過失により、利用者の個人情報が外部に漏れ、利用者に経済的あるいは精神的な損害を与えるような結果を招いた場合は、相応の責任を負わなければなりません。

　管理者は、利用者の個人情報の取り扱いについて、保管場所や情報を外部に持ち出す際の手続きなど、管理方法を整備するとともに、個人情報の大切さや漏洩した際のリスクなどについて従業者に伝え、周知することが必要です。

　個人情報のデータベースが流出するような大事故は、想定しにくいと思いますが、例えば、利用者情報をサービス事業者へFAXする際に番号を間違えて送信した、ミスコピーの裏面をメモ用紙として使用した際、利用者の個人情報が印刷されていたなどの個人のケアレスミスが大きな問題へと発展するのです。

　単純なミスでも利用者の個人情報が漏れるようなことがあると、利用者に大変な迷惑をかけるとともに、所属する事業所の信用も失わせてしまうことをすべての従業者が理解しておく必要があります。

　したがって、管理者は、利用者の個人情報の紛失や盗難を未然に防ぐために日頃から十分な配慮を行うとともに、紛失や盗難が起きてしまった場合に、事業所として迅速に対応できるよう事前に手順等を整理しておくことが大切です（第6章）。

　また、事業所のケアマネジャーが事例検討・学会発表などで事例を提供する場合、個人が特定されないような倫理的配慮が不可欠です。

管理者は、このような文書の取り扱いについても、組織として管理上の手続きを整備するなどの対策を講じることが大切です。

4　コンプライアンスのリスク

　コンプライアンスは、多くの場面で「法令順守」と訳されます。事業所運営においては、法令を守ることは当然であり、それに加えて広く認識されている社会のルールに従って企業活動を行うことが含まれているといえます。

　つまり、法令には違反していないが、非難を受けるようなグレーゾーンにふれることを事業所として行わないということです。

　例えば、利用者の認知症が進み、銀行に行くことが困難になったので、ケアマネジャーが通帳と印鑑を預かって銀行で預金を引き出すなど、そのこと自体は直ちに、違法とはいえませんが、将来、大きな不正につながりかねません。

　このような不適切な取り扱いを事業所として行わない、行わせないことは、利用者を守るだけにとどまらず、ひいては従業者を守ることにもつながるのです。

　管理者は、事業所のコンプライアンスに関する規定を策定するとともに、従業者が正しい知識を身につけ行動できるよう教育を行っていくことが必要です。

指導監督に対応するための

管理者の"仕事"

① 保険者による事業者への指導

　介護保険制度は、利用者本位をその基本理念の一つとしています。介護保険法とほぼ同時に施行された社会福祉法には、利用者の権利擁護や苦情解決、情報開示、サービス評価が位置づけられました。一方、介護保険法には、事業者に対する指導監査のしくみが位置づけられています。

　また、保険者では、介護給付等費用適正化事業としてさまざまな取り組みが行われています。居宅介護支援事業については、ケアプランの点検などを通して、真に利用者の自立支援に資するものとなっていないもの、支援経過などについて記録がないものなどが指摘されています。

　不適正なケアプランは、利用者に重大な結果をもたらすと同時に、給付費の返還など事業所の運営にも大きな支障を与えることを認識しなくてはなりません。

　また、一部の居宅介護支援事業所においては、行き過ぎた利用者の掘り起こしや不正請求等、不適正あるいは不正な事例も明らかとなり、なかには、ケアマネジャーが、不正等に加担して資格を剥奪された例も報告されています。

　居宅介護支援事業所の管理者は、事業所に所属するケアマネジャーの資質の向上に努めるとともに、一人ひとりの受け持ちケースについて、定期的に指導を行うなど、実務上の管理責任を果たしていくことが重要です。

　保険者による事業者の指導は、指定基準や介護給付等対象サービスの取り扱い、介護報酬の請求等に関する事項などを周知徹底させることを主な目的として実施されます。

　保険者の実地指導については、多忙なときに面倒だ、しかたがないなどと思わずに、一つひとつのサービスの位置づけや記録を、改めて確認できる機会として前向きにとらえることが大切です。

　実地指導は、事前に準備ができるよう一定の期間を設けて予告されますので、実地指導を受ける際には、事業所で記録や利用者の確認印などの漏れがないよう関係書類を再度確認し、不備があった場合には必ず補足、修正を行うことが必要です。

　なお、予測もしていない指摘を受けるのではないか、給付費の返還を求められるのではないかといった不安もあると思いますが、制度に対する理解不足や誤解などについては、できるだけはやく指摘を受けたほうがよいのです。仮に、返還を伴うような誤った理解が長く続くと、返還額や件数も多くなり、それだけ対応が困難になります。

表12-1　指導の形態

形　態	指導の説明
集団指導	指導の対象となるサービス事業者を必要な指導の内容に応じ、一定の場所に集めて講習等の方法により行う。 【対象】１年以内の新規事業者、実地指導、書面指導の対象とされていない事業者等
書面指導	指導の対象となるサービス事業者等から書面の提出を受けたうえで、一定の場所で面談方式により行う（ただし、事前に提出された書面を確認した結果、面談の必要がないと判断した場合は、面談を省略することができる）。 【対象】実地指導の結果、継続的に指導の必要がある事業者等
実地指導	指導の対象となるサービス事業者の事務所において（書面の提出を受けたうえで）実地に行う。 【対象】原則として、施設は２年に１度、居宅事業者は３年に１度（事業所の指定有効期間に最低でも１回以上）

2 実地指導の方法を理解する

1 対象となる介護サービスと標準確認項目等

　実地指導については、指導の標準化・効率化及び指導時の文書削減を図り、実地指導の実施率を高めるため、「実地指導の標準化・効率化等の運用指針」が定められました。

　これにより、実地指導は、「標準確認項目」及び「標準確認文書」に基づき実施されます。「標準確認項目」及び「標準確認文書」は、訪問介護、通所介護、介護老人福祉施設、居宅介護支援事業所、認知症対応型共同生活介護、介護老人保健施設、訪問看護の代表的な７種類のサービスに関して、介護サービスの質の確保、利用者保護などの観点から重要と考えられる標準的な項目・文書として定められたものです（表12-2）。

　「標準確認項目」以外の項目は、特段の事情がない限り行わないものとされ、「標準確認文書」以外の文書は原則求められないこととされています。

表12-2　居宅介護支援における標準確認項目と標準確認文書

<table>
<tr><th colspan="3">標準確認項目</th><th>標準確認文書</th></tr>
<tr>
<td rowspan="2">人員</td>
<td>従業者の員数
（第2条）</td>
<td>● 利用者に対し、職員数は適切であるか
● 必要な資格は有しているか
● 介護支援専門員証の有効期限は切れていないか</td>
<td>● 勤務実績表／タイムカード
● 勤務体制一覧表
● 従業員の資格証</td>
</tr>
<tr>
<td>管理者
（第3条）</td>
<td>● 管理者は常勤専従か、他の職務を兼務している場合、兼務体制は適切か</td>
<td>● 管理者の雇用形態がわかる文書
● 管理者の勤務実績表／タイムカード</td>
</tr>
<tr>
<td rowspan="4">運営</td>
<td>内容及び手続の説明及び同意
（第4条）</td>
<td>● 利用者またはその家族への説明と同意の手続きを取っているか
● 重要事項説明書の内容に不備等はないか</td>
<td>● 重要事項説明書
● 利用契約書（利用者または家族の署名、捺印）</td>
</tr>
<tr>
<td>受給資格等の確認
（第7条）</td>
<td>● 被保険者資格、要介護認定の有無、要介護認定の有効期限を確認しているか</td>
<td>● 介護保険番号、有効期限等を確認している記録等</td>
</tr>
<tr>
<td>指定居宅介護支援の具体的取扱方針
（第13条）</td>
<td>● 利用者の希望やアセスメントに基づき、介護保険サービス以外のサービス、支援を含めた総合的な居宅サービス計画を立てているか
● 集合住宅等において、利用者の意思に反し、同一敷地内の指定居宅サービス事業者のみを居宅サービス計画に位置づけていないか
● サービス担当者会議を開催し、利用者の状況等に関する情報を担当者と共有し、担当者からの専門的な見地からの意見を求めているか
● 定期的にモニタリングを行っているか
● 利用者及び担当者への説明・同意・交付を行っているか
● 担当者から個別サービス計画の提供を受けているか（整合性の確認）</td>
<td>● アセスメントシート
● サービス担当者会議の記録
● 居宅サービス計画
● 支援経過記録等
● モニタリングの記録
● 個別サービス計画</td>
</tr>
<tr>
<td>運営規程
（第18条）</td>
<td>● 運営における以下の重要事項について定めているか
① 事業の目的及び運営の方針
② 職員の職種、員数及び職務内容
③ 営業日及び営業時間
④ 指定居宅介護支援の提供方法、内容及び利用料その他の費用の額
⑤ 通常の事業の実施地域
⑥ その他運営に関する重要事項</td>
<td>● 運営規程</td>
</tr>
</table>

	標準確認項目	標準確認文書
運営 勤務体制の確保 (第19条)	● サービス提供は事業所の従業員によって行われているか ● 資質向上のために研修の機会を確保しているか	● 雇用の形態（常勤・非常勤）がわかる文書 ● 研修計画、実施記録
秘密保持 (第23条)	● 個人情報の利用にあたり、利用者及び家族から同意を得ているか ● 退職者を含む、従業員が利用者の秘密を保持することを誓約しているか	● 個人情報同意書 ● 従業員の秘密保持誓約書
広告 (第24条)	● 広告は虚偽または誇大となっていないか	● パンフレット／チラシ
苦情処理 (第26条)	● 苦情受付の窓口があるか ● 苦情の受付、内容等を記録、保管しているか ● 苦情の内容をふまえたサービスの質向上の取り組みを行っているか	● 苦情の受付簿 ● 苦情者への対応記録 ● 苦情対応マニュアル
事故発生時の対応 (第27条)	● 事故が発生した場合の対応方法は定まっているか ● 市町村、家族に報告しているか ● 事故状況、対応経過が記録されているか ● 損害賠償すべき事故が発生した場合に、速やかに賠償を行うための対策を講じているか ● 再発防止のための取り組みを行っているか	● 事故対応マニュアル ● 市町村、家族等への報告記録 ● 再発防止策の検討の記録

注 （　）は指定居宅介護支援等の事業の人員及び運営に関する基準（平成11年3月31日厚生省令第38号）の該当条項

2 実地指導の頻度

　実地指導は、事業所の指定有効期間に最低でも1回以上は実施することが基本とされています。なお、自治体において十分な実施頻度の確保が困難な場合は、過去の実地指導等において事業運営に特に問題がないと認められる事業所については、頻度を緩和して集団指導のみとすることができるとされています。

3 運用の標準化

　実地指導の実施に際しては、保険者・自治体は原則として1か月前までに事業所へ通知するとともに、実地指導の当日、円滑に確認ができるよう、その日のおおよその流れをあらかじめ示すものとされています。

　実地指導にあたる保険者・自治体の職員体制については、利用者に対するケアの質を確認するためにその記録等を確認する場合は、特に必要と判断する場合を除き、原則として3名以内とされています。

　ただし、居宅介護支援事業所については、原則として介護支援専門員一人あたり1名～2名の利用者についてその記録等を確認するものとされています。

　実地指導において確認する文書は、原則として実地指導の前年度から直近の実績にかかる書類とされています。また、事業所に事前または指導の当日、提出を求める資料の部数は1部とし、保険者・自治体がすでに保有している文書（新規指定時・指定更新時・変更時に提出されている文書等）については、再提出を求めず、自治体での共有を図るものとされています。

3 事業所における実地指導に対応する

1 事前準備

　実地指導の実施に際しては、保険者等から1か月前までに事業所に通知されます。また、自己点検シート（表12-3）の作成が求められます。管理者は速やかに準備に取りかかる必要があります。

　実地指導の準備は、管理者が一人で行うのではなく、役割を分担して組織として対応することが大切です。

　役割分担にあたっては、管理者がそれぞれの役割を明確にして振り分けを行います。例えば、勤務表や資格の確認など人員に関することは組織の総務部門に依頼し、ケアマネジャーには、利用者ごとに契約書、重要事項説明書などの交付年月日や署名などの確認を行うことなどを依頼するとよいと思います。

　なお、運営基準や契約書、重要事項説明書などは、管理者がその内容を確認すること

が大切です。年の途中で特定事業所加算を算定するようになった場合や介護保険の改正に伴い運営基準に変更があった場合などは、重要事項説明書についても変更が必要となるので注意が必要です。

　利用者に対するサービス提供に関する記録については、担当者が自己点検を行うことが大切です。

　ケアマネジャーはふだんの忙しさから、記録がおろそかになってしまうこともみられます。実地指導の機会をとらえてアセスメントとケアプラン、居宅介護支援経過等の記録の自己点検を行い、整合性を確認します。

　また、加算の要件を満たしているか、減算の要件に該当していないかなど、介護報酬の返還に該当することのないよう、記録を点検して整備することが大切です。

表12-3　居宅介護支援費自己点検シート（例）

事業所所在区名　　　　　　　　区　　　　　　　実地指導年月日　　　　　年　　　月　　　日

提供サービス	事業所の名称	事業者番号
居宅介護支援、介護予防支援		

○ 事業所の状況

法人の名称		
事業所所在地		
指定年月日	年　　　　　月　　　　　日　指定	

併設する介護保険他事業所・住宅型有料老人ホーム・サービス付高齢者住宅（同一敷地内を含む）	種別		事業所（施設）名	
	種別		事業所（施設）名	
	種別		事業所（施設）名	
	種別		事業所（施設）名	
	種別		事業所（施設）名	

事業所全体の総利用者数		
事業所全体の要介護の利用者数		※実地指導前月の数字をご記入ください。（実地指導が月初であり、前月の数字が確定していない場合は、暫定の数字で結構です。）
事業所全体の要支援の利用者数		
住宅型有料老人ホーム・サービス付高齢者向け住宅に入居している利用者を担当している場合はその利用者数		

介護度別の利用者数	要介護5	要介護4	要介護3	要介護2	要介護1	要支援2	要支援1	事業対象者

自己点検シート記入者		記入者役職名	

居宅介護支援費

※算定している場合又は減算に該当する場合は、下記①にチェック。①にチェックをしたものについてのみ、下記②にチェックをしてください。
※備考欄を参照に、加算・減算に係る資料をご用意ください。

①算定/減算している	点検項目	点検事項	②点検結果	備考
□ 減算に該当	運営基準減算(50/100)	居宅サービス計画の新規作成及びその変更に当たって、利用者の居宅を訪問し、利用者及び家族に面接の実施	□ 未実施	
		サービス担当者会議の開催		
		→居宅サービス計画を新規に作成した場合及び変更した場合	□ 未開催	
		→要介護認定を受けている利用者が要介護更新認定を受けた場合	□ 未開催	
		→要介護認定を受けている利用者が要介護状態区分の変更の認定を受けた場合	□ 未開催	
		居宅サービス計画の原案の内容について利用者又はその家族に対して説明し、文書により利用者の同意を得た上で、居宅サービス計画を利用者及び担当者に交付	□ 未交付	
		モニタリングに当たって、1月に利用者の居宅を訪問し、利用者に面接の実施(特段の事情がない限り)	□ 未実施	支援経過
		モニタリングの結果の記録	□ 1ヶ月以上未実施	
		運営基準減算が2月以上継続していない	□ 該当	
		居宅介護支援の提供の開始に際し、あらかじめ利用者に対して、以下の事項について、文書を交付して説明を行う	□ 未実施	
		利用者は複数の指定居宅サービス事業者等を紹介するように求めることができること	□ 未実施	
		利用者は居宅サービス計画書に位置付けた指定居宅サービス事業者等の選定理由の説明を求めることができること	□ 該当	
□ 算定している	特別地域加算		□ 該当	
□ 減算に該当	特定事業所集中減算	①〜⑤に掲げる事項を記載した書類を作成及び保存		
		①判定期間における居宅サービス計画の総数	□ 作成及び保存	
		②訪問介護サービス等のそれぞれが位置付けられた居宅サービス計画数	□ 作成及び保存	計算書
		③訪問介護サービス等のそれぞれの紹介率最高法人が位置付けられた居宅サービス計画数並びに紹介率最高法人の名称、住所、事業所名及び代表者名	□ 作成及び保存	
		④算定方法で計算した割合	□ 作成及び保存	
		⑤算定方法で計算した割合が80%を超えている場合であって正当な理由がある場合においては、その正当な理由	□ 作成及び保存	市に提出した届出書の控え等
		前6月間に作成した居宅サービス計画に位置づけられた訪問介護サービス等の提供総数のうち、同一の訪問介護サービス等に係る事業者によって提供されたものの占める割合	□ 80/100以上	
□ 算定している	入院時情報連携加算(Ⅰ)	入院して3日以内の情報提供	□ あり	居宅サービス計画・支援経過等情報提供に係る記録
		病院又は診療所の職員に対して利用者に係る必要な情報提供(提供方法は問わない)	□ あり	
		入院時情報連携加算(Ⅱ)	□ 算定していない	
□ 算定している	入院時情報連携加算(Ⅱ)	利用者が入院してから遅くとも7日以内に情報提供	□ あり	居宅サービス計画・支援経過等情報提供に係る記録
		病院又は診療所の職員に対して利用者に係る必要な情報提供(提供方法は問わない)	□ あり	
		入院時情報連携加算(Ⅰ)	□ 算定していない	

①算定/減算 している	点検項目	点検事項	②点検結果		備考
□ 算定している	ターミナルケアマネジメント加算	厚生労働省が定める基準（※）に適合したものとして市町村長に届出を行っている ※厚生労働省が定める基準 ターミナルケアマネジメントを受けることに同意した利用者について、24時間連絡できる体制を確保しており、かつ、必要に応じて、指定居宅介護支援を行うことができる体制を整備していること	□	実施	
		利用者（末期の悪性腫瘍の患者に限る。以下同じ）又は家族の同意を得ている	□	実施	同意書等
		利用者の死亡日及び死亡日前14日以内に2回以上、当該利用者の居宅を訪問し、当該利用者の心身の状況等を記録している	□	実施	居宅サービス計画・支援経過
		主治の医師及び居宅サービス計画に位置付けた居宅サービス事業者に、上記記録に係る情報を提供した	□	整備	
□ 算定している	初回加算	新規に居宅サービス計画を作成	□	該当	居宅サービス計画
		要支援者が要介護認定を受けた場合に居宅サービス計画を作成	□	該当	
		要介護状態区分が2区分以上変更された場合に居宅サービス計画を作成	□	該当	
		退院・退所加算を算定していない	□	算定していない	
□ 算定している	退院・退所加算（Ⅰイ）	退院・退所にあたって、病院・施設の職員と面接を行って退院後7日以内に利用者に関する情報の提供を受け、居宅サービス計画を作成、居宅サービス・地域密着型サービスの利用に関する調整	□	該当	居宅サービス計画・支援経過等利用調整に係る記録
		情報収集をカンファレンス以外の方法で1回	□	該当	
		初回加算	□	算定していない	
□ 算定している	退院・退所加算（Ⅰロ）	退院・退所にあたって、病院・施設の職員と面接を行って退院後7日以内に利用者に関する情報の提供を受け、居宅サービス計画を作成、居宅サービス・地域密着型サービスの利用に関する調整	□	該当	居宅サービス計画・支援経過等利用調整に係る記録
		情報収集をカンファレンスにより1回	□	該当	
		初回加算	□	算定していない	
□ 算定している	退院・退所加算（Ⅱイ）	退院・退所にあたって、病院・施設の職員と面接を行って退院後7日以内に利用者に関する情報の提供を受け、居宅サービス計画を作成、居宅サービス・地域密着型サービスの利用に関する調整	□	該当	居宅サービス計画・支援経過等利用調整に係る記録
		情報収集をカンファレンス以外の方法で2回以上	□	該当	
		初回加算	□	算定していない	
□ 算定している	退院・退所加算（Ⅱロ）	退院・退所にあたって、病院・施設の職員と面接を行って退院後7日以内に利用者に関する情報の提供を受け、居宅サービス計画を作成、居宅サービス・地域密着型サービスの利用に関する調整	□	該当	居宅サービス計画・支援経過等利用調整に係る記録
		情報収集を2回、内カンファレンスにより1回以上	□	該当	
		初回加算	□	算定していない	
□ 算定している	退院・退所加算（Ⅲ）	退院・退所にあたって、病院・施設の職員と面接を行って退院後7日以内に利用者に関する情報の提供を受け、居宅サービス計画を作成、居宅サービス・地域密着型サービスの利用に関する調整	□	該当	居宅サービス計画・支援経過等利用調整に係る記録
		情報収集を3回以上、内カンファレンスにより1回以上	□	該当	
		初回加算	□	算定していない	

指導監督に対応するための管理者の"仕事"

①算定/減算している	点検項目	点検事項	②点検結果		備考
□ 算定している	緊急時等居宅カンファレンス加算	初回加算	□		
		カンファレンスの実施日（指導した日が異なる場合は指導日もあわせて）、カンファレンスに参加した医療関係職種等の氏名及びそのカンファレンスの要点についての居宅サービス計画等への記載	□	あり	居宅サービス計画等
□ 算定している	中山間地域等における小規模事業所加算	厚生労働大臣の定める地域、厚生労働大臣が定める施設基準	□	該当	
□ 算定している	中山間地域等に居住する者へのサービス提供加算	厚生労働大臣の定める地域	□	該当	
□ 算定している	特定事業所医療介護連携加算	前々年度の3月から前年度の2月までの間において退院・退所加算の算定に係る病院、診療所、地域密着型介護老人福祉施設又は介護保険施設との連携の回数の合計が35回以上	□	実施	
		前々年度の3月から前年度の2月までの間においてターミナルケアマネジメント加算を5回以上算定	□	実施	
		特定事業所加算Ⅰ、Ⅱ又はⅢ	□	算定している	

2 当日の対応

実地指導の際、保険者の担当者に対応するのは、必ずしも管理者だけに限定されているわけではありません。実務に詳しい従業者や事業所を経営する法人の労務・会計の担当者が同席しても問題はありません。

保険者の担当者は、あらかじめ提出された書類をもとに法的な根拠や趣旨等に則った指導を行うこととされています。管理者は、指導内容をよく聴取し、記録をとったうえで必要な改善に努めることが求められています。

なお、実地指導は、行政の一方的な改善命令や勧告とは一線を画すものであり、事業者との共通認識を得るためのものでもあります。したがって、納得できないことについては法的根拠を明確に求めるなど、臆することなく意見を伝えることが大切です。

13

介護報酬改定に対応する

ための管理者の"仕事"

介護報酬は介護サービス事業所の収益を直接左右します。管理者はそのしくみを理解し、対応するとともに、将来の方向性を見通して、先を読んだ対策を考えることが大切です。

本章では、2021（令和3）年の介護報酬改定のポイントについて考えながら、介護報酬の改定に対応する管理者の仕事について解説します。

1 介護報酬の改定と管理者の役割

2021（令和3）年度介護報酬改定の基本的な考え方として、①感染症や災害への対応力強化、②地域包括ケアシステムの推進、③自立支援・重度化防止に向けた取り組みの推進、④介護人材の確保・介護現場の革新、⑤制度の安定性・持続可能性の確保が示されました。

地域包括ケアシステムの推進、自立支援・重度化防止に向けた取り組みの推進、制度の安定性・持続可能性の確保は、これまでの介護報酬の改定でも柱として位置づけられてきました。

1 地域包括ケアシステムの推進

地域包括ケアシステムの構築は従来、一貫してその取り組みが推進されています。認知症の人や、高い医療ニーズを抱える高齢者を含め、それぞれが住み慣れた地域で尊厳を保ちながら、必要なサービスが切れ目なく提供される体制づくりが求められています。

また、2019（令和元）年にとりまとめられた「認知症施策推進大綱」では、「予防」と「共生」を車の両輪として施策を推進していくことを基本的な考え方としています[1]。

認知症サポーターなどが地域で活躍できるしくみづくりや認知症カフェの開催など、本人の社会参加を視野に入れた「支え合い」の広がりがポイントとされています。

2021（令和3）年以降の介護報酬の改定においても、地域包括ケアシステムの構築、共生は引き続き大きな柱として位置づけられると考えられます。管理者は利用者本人の社会参加や地域資源との連携を促すしくみづくりを考えておくことが重要になります。

---

[1] 「認知症施策推進大綱」では、「共生」を、「認知症の人が、尊厳と希望を持って認知症とともに生きる、また、認知症があってもなくても同じ社会でともに生きる」、「予防」を、「認知症にならない」という意味ではなく、「認知症になるのを遅らせる」「認知症になっても進行を緩やかにする」」としています。

2 自立支援・重度化防止の取り組みの推進

利用者の自立支援・重度化防止を評価する「個別機能訓練加算」「口腔衛生管理加算」「認知症加算」などの加算の効果を上げるために、「CHASE」（Care, Health Status & Events）[*2]が構築されています。

「CHASE」とは、科学的に効果が裏づけられた介護サービスの方法論の確立、普及のために導入された、高齢者の栄養状態、口腔機能、認知症に関する情報、ケアの内容などを収集したデータベースです。2021（令和3）年の改定では、施設（居住）・通所・多機能型サービスについて、事業所のすべての利用者にかかるデータ（ADL、栄養、口腔・嚥下、認知症等）をCHASEに提出してフィードバックを受け、事業所単位でPDCAサイクルやケアの質の向上の取り組みを推進することが新たに評価されます。

居宅介護支援では「CHASE」の活用は加算の対象とはなっていませんが、管理者として、「CHASE」の目的や内容を理解し、将来的な課題として注目しておくことが大切です。

3 感染症対策や災害への対応力、業務継続に向けた取り組みの強化

感染症対策を強化するため、感染症の予防及び蔓延の防止のための対策を検討する委員会の開催や指針の整備、研修や訓練の実施、また、感染症や災害が発生した場合でも、業務を継続して提供できる体制を構築するため、すべての事業所を対象に業務継続に向けた計画などの策定、研修や訓練の実施が求められます（事業所に一定期間の準備が必要となるため3年間の経過措置期間が設けられます）。

管理者には、事業継続計画（BCP）の策定が必要になります（第11章参照）。

また、2020（令和2）年は、通所系サービスに対して報酬区分を2区分上位に算定することができる特例ルールが設けられました。その対応に混乱をきたした通所系サービス事業所や居宅介護支援事業所は少なくありません。このような感染症や災害発生時の取り扱いが、恒久的な措置につながるのか、緊急的な措置であるのか、その算定要件の理解など、管理者は常に高いアンテナを張って迅速に情報収集をすることが必要となります。

[*2] CHASE（Care, Health Status & Events）：介護保険総合データベース、通所・訪問リハビリテーションの質の評価データ収集等事業によるデータベース（VISIT）を補完するデータベース。介護保険総合データベース、VISITでは収集されていない情報を補完的に収集することによって、介護領域におけるエビデンス構築に資するとされている。

2 居宅介護支援にかかわる 2021（令和３）年度介護報酬改定の概要

経営の安定化と質の高いケアマネジメントの両立、多職種連携、看取り期におけるサービス利用前の相談・調整等にかかる評価、介護予防支援の充実が論点です。見直しのポイントは次のとおりです。

管理者は、改定後の単位数をもとに収支をシミュレーションして、事業所の運営を考えていく必要があります。

1 ケアマネジメントの質の向上と公正中立性の確保

① 特定事業所加算の見直し

特定事業所加算の新たな算定要件として、必要に応じて多様な主体によって提供される生活支援サービス（インフォーマルサービスを含む）が包括的に提供されるような居宅サービス計画を作成していることが求められます。

一方、小規模事業所が質の高いケアマネジメントを実現していくよう、事業所間連携による体制の確保などを評価する、新しい加算区分が創設されます。

また、病院との連携やターミナルケアマネジメント加算の算定回数などを要件とする特定事業所加算（Ⅳ）については、特定事業所加算から切り離し、特定事業所医療介護連携加算となります。

特定事業所加算は、居宅介護支援事業所の収支に影響する重要な加算であり、経営利益率（収支差率）に大きな影響を及ぼします。

管理者としては、いかに上位の特定事業所加算を算定するか考えることが基本です。上位の加算を算定できない理由を考えるのではなく、中長期的な視点で、どのようにすれば、より上位の加算を算定することができるかを考えます。

② 逓減制の見直し

「居宅介護支援及び介護予防支援における平成30年度介護報酬改定の影響に関する業務実態の調査研究事業」では、業務の効率化の一環でICTを導入している事業所は、そ

れ以外の事業所よりも研修の受講時間やケアマネジャー業務以外の認定調査の委託業務に携わっている時間が長いにもかかわらず、ケアマネジャー一人あたりの月間労働投入時間は短く、平均取扱件数が多いことが示されました。また、事務職員を配置している事業所についても同様の結果であることが示されました。

このことから、ICT（AIを含む）の活用、または事務員を配置している事業者については、逓減制の適応（居宅介護支援費(II)の適用）件数が見直され、逓減制の適用が40件以上から45件以上の部分となりました。特定事業所加算におけるケアマネジャー一人あたりの受け入れ可能な利用者数についても、この取り扱いをふまえた見直しが行われます。

逓減制が緩和されても逓減率が引き上げられれば経営に与える効果は薄れてしまいます。さらに、ICTの導入や事務員の配置により支出が増大すれば経営の悪化が危惧されます。管理者は、逓減制を導入した場合の収支シミュレーションやケアマネジャーのICT活用能力、事務員の能力を評価したうえで、導入を検討することが重要です。

③ 医療機関との情報連携の強化

利用者が、医療機関で医師の診察を受ける際、ケアマネジャーが同席し、医師などと情報連携を行い、その情報をふまえてケアマネジメントを行うことを評価する通院時情報連携加算が設けられました。

連携に関する加算を算定するには、記録などの手間と時間がかかることに加えて、実地指導などで指摘されることを心配し、実際に連携しているにもかかわらず、加算を算定していない事業所もあります。加算の単位数は多くはありませんが、確実に算定することが大切です。

介護報酬の加算は、インセンティブをはたらかせるために導入されるものであり、一定期間の後に基本報酬に包括されることがあります。または、加算を算定していなければ減算の対象となる場合もあります。

管理者は、事業所のケアマネジャーに対して介護報酬の改定について説明するにあたり、単位数の増減だけでなく、どのような経緯で加算が新設されたのか、その理由や背景を伝えることが必要です。闇雲に加算を取得するのではなく、重要な業務として評価されて加算が算定できるしくみとなっていることの気づきを事業所のケアマネジャーに促すことが大切です。

また、審議の過程で、導入が見送られた加算についても、次の改定まで注目しながら

将来の事業所の経営や運営に備えることが重要です。

④ 看取り期におけるサービス利用前の相談・調整などにかかる評価

居宅サービスの利用などに向けて、ケアマネジャーが利用者の退院時などにケアマネジメントの業務を行ったものの、利用者の死亡により、サービス利用に至らなかった場合に、介護保険サービスが提供されたものと同等に取り扱うことが適当と認められるケースについて、居宅介護支援の基本報酬の算定ができるようになりました。

⑤ ケアマネジメントの公正中立性の確保

介護報酬の改定に伴い行われる運営基準の改正により、居宅介護支援の提供の開始にあたり、ケアプランにおける訪問介護などの特定のサービスの利用割合などを利用者に説明すること、介護サービス情報公表制度において公表することが求められます。

● 前6か月間に作成したケアプランにおける、訪問介護、通所介護、地域密着型通所介護、福祉用具貸与の各サービスの利用割合
● 前6か月間に作成したケアプランにおける、訪問介護、通所介護、地域密着型通所介護、福祉用具貸与の各サービスの同一事業者によって提供されたものの割合

⑥ 生活援助の訪問回数が多い利用者などのケアプランの検証

2018（平成30）年度の介護報酬改定において導入された生活援助の訪問回数が全国平均より大幅に多い利用者のケアプランの検証のしくみについて、実施状況や効果をふまえて、ケアマネジャーや市町村の事務負担も考慮し、届け出があったケアプランの検証の仕方や届け出の頻度についての見直しが行われました。

具体的には、地域ケア会議のみならず、行政職員やリハビリテーション専門職を派遣する形で行うサービス担当者会議などでの対応が可能となります。届け出の頻度については、検証したケアプランの次の届け出は1年後となりました。

また、効率的で訪問介護サービスの利用制限にはつながらないしくみが求められていることから、区分支給限度基準額の利用割合が高く、かつ、訪問介護が利用サービスの大部分を占めるなどのケアプランを作成する居宅介護支援事業者を事業所単位で抽出するなどの点検・検証のしくみが導入されます（2021（令和3）年10月施行）。

管理者は、見直しの内容をふまえて、生活援助の訪問回数が多い利用者などのケアプランの点検・検証を行うことが必要となります。

⑦ 介護予防支援の充実

　地域包括支援センターは、介護予防支援の一部を居宅介護支援事業者に委託することができます。ただし、委託された介護予防ケアプランは平成28年度実績で全体の44.7%にとどまっています[*3]。業務負担が大きいとされる介護予防支援の基本報酬が、居宅介護支援の基本報酬と比べて低いことが居宅介護支援事業所の赤字の一因にもなっています。

　地域包括支援センターが居宅介護支援事業者に外部委託を行いやすい環境を整備するため、地域包括支援センターが委託するケアプランについて、委託時における、居宅介護支援事業者との適切な情報連携などを評価する委託連携加算が、介護予防支援費に創設されました。

3　2021（令和3）年度介護報酬改定の概要

　ここでは、居宅介護支援も含め、すべてのサービスに共通する介護報酬改定の概要についてふれます。

1　人員配置基準における両立支援への配慮

　「仕事と育児・介護の両立」を支え、職員の離職防止・定着促進を図るため、人員配置基準や報酬算定について、次の①～④の見直しが行われました。
① 「常勤」の計算にあたり、職員が育児休業、介護休業等育児又は家族介護を行う労働者の福祉に関する法律（育児・介護休業法）による育児の短時間勤務制度を利用する場合に加えて、介護の短時間勤務制度を利用する場合にも、週30時間以上の勤務で「常勤」として扱うことが認められます
② 「常勤換算方法」の計算にあたり、職員が育児・介護休業法による短時間勤務制度などを利用する場合、週30時間以上の勤務で常勤換算での計算上も1（常勤）として扱うことが認められます
③ 人員配置基準や報酬算定において「常勤」での配置が求められる職員が、産前産後休業や育児・介護休業を取得した場合に、同等の資質を有する複数の非常勤職員を常勤換算することで、人員基準を満たすことが認められます

[*3]　地域包括支援センターが行う包括的支援事業における効果的な運営に関する調査研究事業（平成29年度老人保健健康増進等事業）

13

介護報酬改定に対応するための管理者の"仕事"

④ ③の場合において、常勤職員の割合を要件とするサービス提供体制強化加算などの加算について、産前産後休業や育児・介護休業などを取得した当該職員についても常勤職員の割合に含めることが認められます

2 ハラスメント対策の強化

　介護サービス事業者の適切なハラスメント対策を強化するため、すべての介護サービス事業者に、雇用の分野における男女の均等な機会及び待遇の確保等に関する法律（男女雇用機会均等法）などにおけるハラスメント対策に関する責務をふまえつつ、ハラスメントを防止するための方針の明確化などの必要なハラスメント対策を講じることが求められるようになりました。

監修

一般社団法人日本ケアマネジメント学会認定ケアマネジャーの会

編集

白木　裕子（しらき　ひろこ）
株式会社フジケア

執筆（五十音順）

稲冨　武志（いなとみ　たけし）　………………………………………… 第9章、第10章、第13章
医療法人起生会大原病院

大島　一樹（おおしま　かずき）　…………………………………………… 第6章⑦、第8章
医療法人渓仁会定山渓病院在宅ケアセンター

酒井　清子（さかい　きよこ）　………………………………………… 第6章①〜⑥、第7章
社会福祉法人練馬区社会福祉事業団

白木　裕子（しらき　ひろこ）　……………………………………… 序章、第1章、第11章、第12章
株式会社フジケア

白澤　政和（しらさわ　まさかず）　……………………………………………… 刊行に寄せて
国際医療福祉大学大学院

冨田　洋介（とみた　ようすけ）　…………………………………………… 第2章、第3章
株式会社RL

永沼　明美（ながぬま　あけみ）　………………………………………… 第4章、第5章
株式会社ハビタット光が丘訪問看護ステーション居宅支援事業所

居宅介護支援事業所のための管理・運営ハンドブック
人材育成からリスクマネジメント、実地指導まで

2021年4月20日　発行

監　修　　一般社団法人日本ケアマネジメント学会認定ケアマネジャーの会
編　著　　白木裕子
発行者　　荘村明彦
発行所　　中央法規出版株式会社
　　　　　〒110-0016　東京都台東区台東3-29-1　中央法規ビル
　　　　　営　業　　　　TEL 03-3834-5817　FAX 03-3837-8037
　　　　　取次・書店担当　TEL 03-3834-5815　FAX 03-3837-8035
　　　　　https://www.chuohoki.co.jp/

装　丁　　　　澤田かおり（トシキ・ファーブル）
本文デザイン　澤田かおり+トシキ・ファーブル
イラスト　　　BONNOUM
印刷・製本　　新津印刷株式会社